# Edmond Chartier

déporté résistant

Image de couverture : photographie de National Archives and Records Administration (U.S. Army) : *Déportés à l'intérieur d'un baraquement du camp de Buchenwald.*

Le texte de cet ouvrage a fait l'objet d'une précédente édition sous le titre *Edmond Chartier, Déporté résistant, Matricule 22 873, Une jeunesse à Dachau et Neckargerach*, Éditions Amalthée, 2010.

ISBN papier : 979-10-219-0327-2.

ISBN des versions numériques : 979-10-219-0328-9.

Alexandre Rosada

Dessins de René Meffre

# Edmond Chartier

## déporté résistant

Éditions Humanis

En 2009, Edmond Chartier était le dernier déporté de la Grande Guerre encore en vie en Nouvelle-Calédonie.

À plusieurs reprises déjà, j'avais eu l'occasion d'entendre à la radio, au cours de reportages télévisés, ou de lire au détour d'un article, les paroles de cet homme qui répétait inlassablement : « Tant que je vivrai, je témoignerai. »

Je décidai de l'appeler pour une brève rencontre. Mon souhait était de recueillir moi-même son témoignage.

Je fus accueilli par un homme grand, souriant, aux cheveux blancs et au regard franc, et par son épouse Simone, de trois ans son aînée, comme lui, alerte et souriante. Ce premier contact fut chaleureux et donna lieu à deux heures d'échanges qui m'ont décidé à coucher son histoire sur le papier.

Il m'apparaissait nécessaire de faire partager au plus grand nombre son expérience d'ancien résistant et de déporté dans un camp de la mort à Dachau, puis comme détenu dans un camp de travail de la vallée du Neckar en Allemagne.

Edmond était âgé et luttait contre un deuxième cancer. D'un commun accord, nous avons décidé de nous rencontrer régulièrement et de procéder par entretiens successifs. Ce livre est né de ces échanges, destinés à préserver la mémoire d'un homme d'engagement qui n'a pas hésité à risquer sa vie pour une cause qu'il avait décidé d'honorer. Il évoque les valeurs qui l'ont poussé dans la Résistance ; il nous raconte sa vie dans l'ombre, puis son arrestation, sa déportation dans un convoi de la mort et les conditions de vie abominables auxquelles il a dû faire face jusqu'à sa libération.

Edmond Chartier nous a quittés au cours de l'année 2013. Il nous laisse une leçon de vie. Celle d'un homme profondément humain, qui a réappris à vivre tout en continuant inlassablement à transmettre aux plus jeunes son histoire, pour empêcher l'oubli de ce que le XXᵉ siècle a sans doute connu de plus terrible.

*Carte de la région : Neckargerach, Dachau.*

*La famille Chartier.*

*Monsieur Edmond Chartier, si nous remontions ensemble le fil du temps jusqu'à votre naissance à Angers ?*

C'était en 1924, le 16 novembre. Avec mon jumeau, Lucien, nous sommes nés pas très loin du château d'Angers.

Du côté de mon père, on est originaire de Villers-Outreau, dans le Nord. Un vrai « chtimi » comme on dit ! Un milieu populaire et extraordinaire. Ma mère, elle, venait de Cholet, dans le Maine-et-Loire, une famille de petits-bourgeois… Suite à des péripéties familiales, ma grand-mère maternelle s'est retrouvée fille-mère… c'est la vie ! Ma mère et mon père se sont rencontrés, aimés et mariés à Paris. À l'époque, c'était le voyage de noces rêvé… Je me souviens de ma mère. Elle était très belle et ne passait pas inaperçue.

*À quel milieu social appartenaient vos parents ?*

Ils ont débuté modestement… Mon père n'avait pas de diplôme, mais il était courageux et travailleur. Il a appris sur le tas le métier d'électricien. Il avait travaillé un certain temps comme ouvrier spécialisé, au magnifique château d'Azay-le-Rideau, qui aurait pu servir de modèle au château de *La Belle au bois dormant*… Je me souviens des après-midi sur la pelouse avec mon frère jumeau et ma mère. Nous attendions notre père, parfois, quand il travaillait le week-end. Ma mère n'avait pas d'emploi. Elle faisait des petits travaux de vannerie, dans la semaine, pour améliorer le quotidien.

Puis, nous avons déménagé à Tours, où mes parents ont exploité une petite supérette alimentaire, *Les* Échos. Ils l'ont tenue pendant trois ans avant de partir au Mans où ils ont ouvert une plus grosse succursale. Cette enseigne était un groupe alimentaire, *Les Comptoirs Modernes*, originaire de la Sarthe. L'évolution rapide du groupe en a fait une multinationale du nom de *Carrefour*. Deux ans plus tard, ils ont finalement acheté un restaurant-brasserie avenue Thiers, proche du cinéma *Le Palace* et de la gare du Mans. Nous vivions paisiblement. Il y avait eu le Front populaire en 1936. J'avais 12 ans. Je me souviens d'une vie sereine. Nos parents étaient extraordinaires de douceur et de gentillesse pour les deux jumeaux, parfois turbulents, que nous étions.

*La supérette à Tours.*

Oui, mais en France, on voulait tout ignorer, car la victoire de la coalition des partis et du peuple de gauche, la SFIO, le PCF et le parti radical-socialiste, avait entraîné l'euphorie dans tout le pays. Il venait d'y avoir la victoire du Front populaire en Espagne aussi, et puis les communistes français avaient fait beaucoup de voix et de sièges au Parlement, alors, le monde du travail explosait d'allégresse. On ne pensait pas à regarder chez nos voisins. On ne comptait plus les cortèges dans les rues, au son des accordéons, durant des semaines. Il y avait même des grèves pour célébrer la Victoire, c'est dire ! Jusqu'à douze mille grèves dans le pays en juin 1936. Le patronat avait eu très peur que le droit de propriété ne fût remis en cause. Pour les riches, c'était le chaos, et beaucoup ont pensé alors à un retour de l'ordre musclé, ce qui a favorisé les sympathies pour l'ultra-droite, voire les fascistes, plus tard.

*Il y a eu des lois sociales importantes qui ont pourtant été votées à cette époque…*

C'est vrai. Les patrons avaient déjà accepté une hausse des salaires de 7 à 15 % et le gouvernement Blum a voté une loi qui donnait aux ouvriers quinze jours de congés payés par an et limitait la durée du travail à quarante heures par semaine, une révolution pour l'époque ! Ce furent les premiers congés payés et les vacances sur les plages de France, en famille, à vélo, en train, en voiture chargée à bloc, enfin vous imaginez, le bonheur des braves gens! Et pourtant, quatre ans plus tard, c'était la guerre! Les camps, etc.

On trouve même des analystes qui expliquent que le Front populaire aurait précipité la défaite intérieure de la France et engendré Vichy. Vrai ou faux? Chacun jugera selon ses convictions.

*Votre parcours scolaire s'est-il bien déroulé ?*

Oui, sans problème, jusqu'en 1939 où a eu lieu la déclaration de guerre. Avec mon frère, nous étions aussi de grands sportifs. Nous étions licenciés à l'Union sportive du Mans et nous disputions des championnats d'athlétisme junior. À celui d'Anjou, Lucien, mon jumeau, avait obtenu 11 secondes aux 100 mètres, et cela sans la préparation sportive que l'on connaît aujourd'hui. Nous avions un bon potentiel sous les semelles! Moi, j'étais meilleur que mon frère au 200 mètres… On faisait du saut en longueur, aussi, et on a eu des médailles de recordmen de la Sarthe. J'aimais l'école. J'affectionnais les langues vivantes. J'avais choisi l'anglais et l'espagnol en option, ce qui m'avait valu des réprimandes par la suite.

*Pourquoi ?*

Parce qu'un jour, des amis de mon père, qui étaient comme lui originaires du nord de la France, m'avaient reproché de ne pas parler allemand. Ils disaient que c'était une langue de l'avenir! Alors, j'ai décidé de l'apprendre, en autodidacte, et par défi! Pour que mon père soit fier de moi, et sans savoir que cela m'aiderait un jour à survivre. En fait, j'étais en convalescence chez ma grand-mère, suite à un petit souci de santé. Donc, immobilisé par nécessité, je m'y suis attelé ! Avec acharnement, j'ai décidé d'apprendre cette langue, seul, muni d'un dictionnaire, de livres de grammaire, de vocabulaire et d'un lexique. J'avais une méthode infaillible ; apprendre cent mots par jour, ce qui, par semaine, faisait déjà six cents mots environ, et, par an, plusieurs milliers ! J'écoutais aussi la radio allemande que nous arrivions à capter durant ces années-là. Cela me permettait d'assimiler les accents de la langue, de la prononcer, et de comprendre certaines expressions. Avec cette technique, j'apprenais ce qui se passait dans le monde, par les radios allemandes et françaises, et je peux vous dire que ça commençait à bouger dès 1936 !

*En 1939, donc, ce fut la déclaration de guerre ?*

Oui, les Allemands s'étaient bien préparés depuis l'arrivée d'Hitler au pouvoir. Entre 1935 et 1938, ils avaient reconstitué une énorme aviation militaire. Ils ont occupé la Rhénanie en mars 1936, et ce, malgré le traité de Versailles. Ils se sont rapprochés de l'Italie fasciste de Mussolini, et, en 1938, ils ont annexé la Tchécoslovaquie, avec ses minorités germaniques.

Une crise internationale et politique a alors débuté, et Hitler a organisé la conférence de Munich, avec Chamberlain représentant le Royaume-Uni, Daladier la France, et Mussolini l'Italie.

Une poignée de main et les fameux accords de Munich étaient signés le 29 septembre 1938 !... Un accord de dupes, car l'expansionnisme allemand ne s'est pas arrêté ! Les Juifs allemands ont été les premières victimes de la politique du nouveau parti nazi, on le sait. Cela aurait dû alerter l'opinion... mais à cette époque, peu de médias et pas d'Internet !... Pourtant, cela n'excuse pas le silence de certains dirigeants... Et le 3 septembre 1939, la France et le Royaume-Uni entrent en guerre contre l'Allemagne.

*Quel était l'état d'esprit des Français vis-à-vis des Allemands ?*

Préféraient-ils l'extrême droite au communisme ? Sans doute, mais j'étais bien jeune à l'époque, avec des préoccupations de jeune, vous savez, la musique, la danse, dont le fameux *Lambeth Walk* venu d'Angleterre ! J'étais tout de même très anxieux de cette guerre, avec toutes les incertitudes qu'elle engendrait, les vrais et faux communiqués de presse. Puis, la mobilisation générale des forces armées françaises et britanniques...

*Comment avez-vous vécu la déclaration de guerre ?*

Nous étions choqués. Mon père a été mobilisé et envoyé immédiatement dans un régiment d'aérostiers à Toulouse, à la caserne Francazal. D'un coup, nous nous sommes retrouvés seuls, mon frère et moi, avec ma mère, au Mans. C'était la panique, le chaos total. Les gens étaient affolés. Ils entendaient que les Allemands allaient arriver. La ligne Maginot, que tous espéraient très solide face aux divisions du Reich, a été contournée et brisée. C'était l'effondrement des certitudes, et de l'armée française, puis l'invasion des Allemands que plus rien n'arrêtait.

L'exode a commencé. Tous les gens partaient pour s'éloigner des zones où l'armée allemande était annoncée. C'était la peur qui régnait. Il y avait aussi une radio allemande de propagande qui diffusait en français des informations alarmantes. Ils diffusaient des communiqués très angoissants. Et la peur attisait la peur !

*Qu'avez-vous décidé, alors ?*

En fait, notre mère nous avait déjà confié une mission ! Nous avions 16 ans ! Partir à bicyclette avec mon frère, pour rejoindre notre père à Toulouse et lui apporter des nouvelles ainsi qu'une somme d'argent rondelette à mettre de côté pour l'avenir. Nous voici donc sur les routes. De centres d'hébergement en habitations de fortune, on arrive à Toulouse et on retrouve enfin notre père. Il nous a hébergés durant trois jours. On a vécu la joie des retrouvailles, et notre première mission réussie, on est repartis dans l'autre sens, vers Le Mans, toujours à bicyclette. Il régnait une atmosphère de désorganisation que vous ne pouvez pas imaginer ! Et c'est en revenant, aux alentours de Bordeaux, un soir, alors que nous nous étions arrêtés dans une auberge pour nous ravitailler sommairement, que nous avons entendu le maréchal Pétain qui demandait la signature d'un armistice avec nos ennemis… Un choc. Quelques jours plus tard, j'ai pu entendre l'appel du général de

Gaulle qui avait été diffusé à la radio. C'était un message d'espoir pour nous. Je me suis dit que rien n'était joué. J'ai pris conscience de ce qu'était devenue la France et qu'il fallait en sortir.

*Justement, l'occupation allemande avait déjà commencé ; quand vous êtes remontés au Mans, les occupants étaient déjà arrivés... Cela a été un choc, pour vous ?*

On nous avait dit tellement de choses sur les Allemands. Mais leur allure, leurs attitudes, tout ça dénotait, car il a fallu un certain temps pour que s'installent les « fridolins », comme on les appelait. Eux aussi, ils étaient pressés de toutes parts. Ces soldats étaient, il faut le dire, au moins au début, relativement corrects dans leurs comportements. Et puis l'armistice, c'était rassurant, autant pour nous que pour eux, sauf qu'on ne pensait pas qu'ils voudraient continuer la guerre, s'installer, tout occuper et contrôler, comme cela a été le cas par la suite. Face au maréchal Pétain d'un côté, qui disait qu'il avait sauvé le pays, et de Gaulle de l'autre, qui appelait à la lutte dans l'ombre, nous étions tous déboussolés. Il a fallu un temps pour que les esprits se décident, se déterminent et agissent pour l'un ou l'autre camp.

*Certains de ces Allemands étaient-ils belliqueux au quotidien ?*

Les soldats étaient aux ordres et n'avaient pas le choix. Mais il y avait les SS, les nazis, la *Feldgendarmerie*, les services de sécurité et les miliciens qui étaient là pour faire régner l'ordre. Eux, c'était autre chose. Ils étaient violents, brutaux, autoritaires. Et puis, il y avait aussi leur terrible propagande destinée à manipuler les gens. Par exemple, ils savaient exploiter le ressentiment de certains Français envers les Anglais, afin de les faire adhérer à la cause allemande et collaborer.

*Qu'est-ce qui vous révoltait le plus ?*

On s'apercevait que la France ne travaillait plus que pour les Allemands ! Ils vidaient et dévastaient littéralement le pays pour alimenter l'Allemagne. Sur tous les plans, dans tous les secteurs. Ils payaient avec la monnaie d'occupation et mettaient le pays à sac pour leur seul et unique objectif, faire fonctionner la machine de guerre nazie ! Cela, j'avoue, c'était révoltant pour un Français. Nous nous sentions volés.

*Puis, le temps des privations et des rationnements est arrivé. Le marché noir s'est étendu à partir de ce moment-là ?*

Ah, oui ! Les tickets de rationnement, on en voyait beaucoup. Les clients de la brasserie en avaient, certains en manquaient. Mais il en fallait pour tout. Les vêtements, la nourriture, les chaussures, on ne trouvait plus rien, parfois. Tout partait pour nourrir le peuple allemand. Tout devenait plus cher et les marchés parallèles fleurissaient. Petit à petit, on ressentait l'asphyxie du pays.

*Les Français collaborateurs étaient-ils nombreux ?*

Vous savez, il y avait une administration française sous contrôle allemand, contrainte de fonctionner sous les ordres des Allemands. On ne pouvait rien faire. Si vous désobéissiez, vous étiez arrêté et mis en prison, ou fusillé. Il y avait bien sûr les collaborateurs, ceux-là étaient acquis aux thèses nazies par idéologie. Ils étaient pro-allemands et parfois plus allemands que les Allemands eux-mêmes ! En clair, des Français anti-Français. Assez paradoxal et déplaisant ! Mais la plupart des Français résistaient en silence, souffrant de voir leur pays envahi en coupes réglées sous la botte de l'occupant.

*Y avait-il des arrestations de Juifs, au Mans ?*

Il y en avait, mais pas aussi massives qu'à Paris au Vél d'Hiv, par exemple. Dans la famille de ma femme, Simone Mainette, ils ont caché des Juifs pendant quelque temps. Des Juifs qui partaient ensuite et passaient de l'autre côté de la Ligne pour s'embarquer en Amérique. Moi, je me souviens des Juifs et de l'étoile jaune sur leurs vêtements dans les rues d'Angers. C'était obligatoire, sinon, en cas de contrôle, ils étaient arrêtés, emprisonnés et déportés. Quand j'y repense, quelle humiliation et quelle barbarie !

*Qu'est-ce qui vous a donné l'envie de résister à cette occupation ?*

La présence et le poids de l'occupant allemand. La perte de liberté. Cohabiter avec eux devenait de plus en plus difficile et insoutenable. Cette sensation d'être tout le temps contrôlé, épié, soupçonné. Nous en avions marre.

Notre père, qui nous avait rejoints après sa démobilisation à Toulouse, nous avait encouragés à ne pas rester neutres. On entendait parler de la Résistance dans la brasserie de nos parents, en ville aussi, chez des amis, et on a décidé de franchir le pas, mon frère et moi. Et puis, dans la famille, ils étaient tous des anciens de la guerre de 1914-1918, alors nous n'allions pas rester inertes et nous résigner, surtout quand on a 15 ou 16 ans, des grands gaillards comme nous... Nous avions envie d'action !

*Le 11 novembre 1942, l'armée allemande a envahi la zone Sud. Vous réalisez, alors, que la guerre s'installe pour de bon ?*

À l'époque, on n'a aucune idée du temps que durera cette occupation. C'est la fin de cette fausse illusion de liberté. Les contrôles et les pressions multiples deviennent de plus en plus pesants, en particulier vers l'administration et les forces de l'ordre. La milice française et les services de sécurité allemands sont très agressifs envers tous ceux qui ne partagent pas la ligne politique décrétée par le régime de Vichy. Les communiqués et la propagande de Vichy sont quotidiens.

*Vous diriez que l'esprit de la Résistance était ancré en vous ?*

En moi-même comme chez mes parents. Nous avions des amis qui étaient las de l'occupation. Avec nos copains, mon frère et moi, quand nous allions nous entraîner à l'union sportive du Mans, nous en parlions souvent. Notre entraîneur avait été arrêté, donc nous étions conscients de la situation. Les discussions tournaient souvent autour de l'occupant. On écoutait la radio et on captait clandestinement Radio Londres et l'esprit gaulliste nous habitait. Il nous donnait de l'espoir, de la force, de la dignité. Des valeurs auxquelles nous avons toujours cru. Vous savez, c'est comme une vocation, un appel en vous, et le général de Gaulle l'avait bien compris. Ici, en Calédonie, le message du général de Gaulle a été entendu aussi. Il y a eu, grâce à lui, un grand mouvement en faveur de la lutte contre l'occupant. Dans l'esprit, nous rejoignions tous le général de Gaulle et participions à une résistance. Rappelons par exemple que la Nouvelle-Calédonie est la première île d'outre-mer à avoir rallié la France libre et à fournir un contingent qui a contribué au légendaire Bataillon du Pacifique. Ces hommes du Pacifique, Calédoniens, Tahitiens, et les autres, qui ont participé avec honneur et courage aux combats en Métropole et, notamment, à la mémorable bataille de Bir Hakeim.

Il faut aussi dire que le territoire de la Nouvelle-Calédonie a été décoré de la médaille de la Résistance ! C'est dire si l'esprit du Général et l'engagement de ces hommes du Pacifique ont beaucoup compté à cette époque de l'Histoire.


*Votre frère Lucien partageait vos convictions ?*


Avec mon frère, nous étions main dans la main. La brasserie de mes parents était un foyer de résistance caché. On se rencontrait là parce que c'était un endroit neutre. Les services de sécurité allemands n'y venaient pas. On y voyait même des gens comme Jacques Duclos, le communiste. Sans avoir de contacts particuliers avec nous, il se retrouvait là avec quelques-uns de ses camarades communistes. Mais nos conversations, à nous, c'était sur la pénurie de tout, et les humiliations que subissait la population. Naturellement, cela a suscité une volonté d'action pour l'avenir de la France. Cela a provoqué en nous un éveil politique, au sens noble du terme.

*Edmond et Lucien Chartier.*

*Un peu plus tard, vous avez rejoint l'ORA. En quoi cela consistait-il ? Quel y était votre rôle ?*

L'ORA, c'était l'Organisation de résistance de l'armée. Elle a été créée en janvier 1943. C'était une organisation apolitique fondée par le général Frère, puis par Verneau qui furent tous les deux déportés et qui décédèrent dans les camps en 1943 et 1944. C'est le général Revers qui a repris le commandement avec son adjoint, le général Brisac. Nous avions aussi notre logique, vous savez : Faire la guerre à l'occupant et au gouvernement de Vichy, que l'on soit en zone occupée ou en zone libre. Cette structure était déjà constituée à l'échelon national. Il y avait plusieurs délégations. Notamment une délégation TAM, c'est-à-dire Touraine-Anjou-Maine, qui regroupait les résistants réunis de la région Ouest. Le secteur TAM était dirigé par le lieutenant-colonel Madelin, chef de réseau.

À partir de notre engagement, il importait de renforcer le groupe de recherches des contacts et, pour nous, de recruter des « éléments » favorables à nos idées. L'organisation ORA n'a pas tout de suite été soutenue par De Gaulle. Elle était représentée par le général Giraud qui était clandestinement basé en Afrique du Nord et, en 1944, l'organisation a fusionné avec l'Armée secrète et les FTP pour former les FFI. (FTP : Francs-tireurs et partisans — FFI : Forces françaises de l'intérieur.)

Il y avait des réseaux un peu partout, en zone Sud comme au Nord. Localement, nous avions comme patron le capitaine Gaulupeau, responsable régional de ce réseau. Je porte d'ailleurs l'insigne de l'ORA dans les cérémonies, encore aujourd'hui. Le réseau m'avait fait embaucher comme interprète, au service trafic de la SNCF, à la gare du Mans. Un poste stratégique qui me permettait de connaître les mouvements de train, d'entendre les informations diffusées et de faire du renseignement destiné à la Résistance, afin de planifier des actions.

*La Résistance communiste était-elle très active dans cette région ?*

Oui, quelques noyaux furent constitués, notamment à la SNCF, dès mars 1943, et l'ORA est entrée en relation avec les autres mouvements de Résistance, y compris le parti communiste. Selon ses effectifs, l'ORA a créé ses propres « maquis » ou groupes mobilisables, et fourni aux autres mouvements les officiers et le matériel nécessaires à leur encadrement, mais il n'y avait aucun contact direct entre les groupes, sauf au niveau du haut commandement.

*La Résistance était multiple : socialiste, communiste, droite dure, des chrétiens, des Juifs, et des réseaux étrangers, espagnols ou italiens antifascistes, aussi ?*

Oui, il faut souligner que l'ORA n'a pas été un mouvement comme le furent Combat ou Libération, et bien d'autres encore, avec leurs journaux, leur engagement très politisé; l'ORA était un ensemble militaire clandestin organisé méthodiquement dès 1942, mais déjà préparé en juillet 1940. Ils ont fait appel aux militaires qu'ils avaient connus dans le service, mais très vite on a recruté les résistants de tous bords et de toutes nationalités. Tous ont su apporter leur expérience de la lutte clandestine pour faire vaincre notre idéal de liberté.

L'Organisation de résistance de l'armée a payé cher son engagement. Plus de 1 600 hommes ont été tués au combat ou fusillés, dont plus de 300 officiers et sous-officiers. Plus de 850 de ses membres ont été déportés, dont des collègues et moi-même, et plus de 350 ne sont pas revenus des prisons ou des camps de concentration. Rappelons une action héroïque en Bretagne : les résistants bretons à Saint-Marcel, entre Rennes et Ploërmel, ont lutté armes à la main contre un régiment allemand allant renforcer les troupes de défense sur l'Atlantique… plus de quarante-deux FFI furent tués et plus de 560 soldats allemands ont été neutralisés dans cette opération du 18 juin 1944 qui dura 18 jours.

*Vous aimiez cette clandestinité ?*

Aimer ? Bien sûr. Pouvait-on refuser le combat et se résigner à servir l'occupant ? Non ! Mais pour répondre à votre question, nous étions semi-clandestins, car nous vivions chez nous, mais le capitaine Gaulupeau, lui, était vraiment clandestin, car il était activement recherché par la Gestapo et les nazis. Nous, mon frère et moi, nous étions deux de ses agents de liaison. Et nous avions chacun un groupe distinct. Nous recrutions des gens, mais sans savoir qui était enrôlé l'un par l'autre. Et cela, afin que la structure soit « étanche » ! Au cas où nous serions faits prisonniers, nous n'aurions rien pu dire. Nous n'avions pas été formés à cela, mais nous appliquions de façon logique nos techniques personnelles pour être le moins vulnérable possible.

*Vous deviez ruser avec la police, la gendarmerie, les douanes, et l'administration en général ? Vous deviez vous méfier de tout le monde ?*

Oui, par la force des choses. Par exemple lorsque nous faisions des actes de sabotage, la nuit, sur la gare de triage avoisinante qui desservait la Charente, la Bretagne, la Normandie. Chaque wagon avait des essieux avec des boîtes à graisse… il suffisait d'y mettre des cailloux et de la ferraille, et le wagon ne faisait pas plus de cent kilomètres ! Cela retardait les opérations et les mouvements allemands de transport de matériel ou de troupes vers les zones stratégiques. C'était cela, résister : n'importe quel moyen était bon pour gêner et affaiblir l'ennemi. Pour nous et nos parents, il y avait une prise de risque, car nous stockions, dans une salle de la brasserie, des bagages, des colis d'armes, des munitions et du matériel logistique destinés aux différents groupes résistants. Nous servions aussi de boîte aux lettres comme agents de liaison. La brasserie était un lieu clé de la Résistance.

*Vous organisiez des attentats ?*

Pas sur des hommes, je n'aurais pas accepté, ce n'était pas dans mon tempérament de tuer, de verser le sang, mais on a fait sauter des convois, du côté d'Alençon, avec des explosifs. Avec des mèches à retardement, de la dynamite, on faisait sauter les rails avant l'arrivée du convoi. On provoquait des déraillements, ce qui était pour nous une action discrète et efficace, à la mesure de nos moyens et de nos capacités techniques, hélas limités ! On opérait aussi, dans notre réseau, la réception de matériel venant d'Angleterre. Il y avait des parachutages. Nous étions prévenus par des messages de la BBC selon un calendrier codé. Cela restait très dangereux. Car les avions devaient voler presque en rase-mottes pour nous larguer les colis en forêt, au sud du Mans, dans des clairières, notamment dans les clairières du bois d'Arcé ! Les conteneurs déboulaient à soixante ou quatre-vingts kilomètres-heure, donc danger ! Les avions disparaissaient aussitôt. Il fallait vider les paquetages, cacher les parachutes, et évacuer le matériel. Il y avait des armes de poing, des fusils, des grenades, des mitraillettes Sten, des bazookas, puis de l'argent, des cigarettes, quelques victuailles non périssables… Il fallait faire vite, en silence et sans être repéré… sinon c'était le combat et la mort, peut-être. Avec mon frère, nous avons participé à cinq opérations de ce type. Tous ces lots devaient servir à conforter et armer le réseau, et le matériel serait utilisé en vue du débarquement futur. Tout cela pour les soldats qui investiraient les zones préparées et alimentées en armes et munitions, comme la nôtre. Une fois équipés, ces hommes pourraient mener l'offensive contre l'ennemi. C'est ce qui s'est passé d'ailleurs, avec succès.

Mais il faut le dire, il y a eu aussi des dynamitages de ponts, des obstructions de routes, et des destructions de dépôts de carburants organisés par l'ORA.


*Faisiez-vous passer des gens clandestinement d'un bord à l'autre ?*


Non, ce n'était pas dans nos missions, et d'autres groupes pouvaient être activés pour cela.


*Aviez-vous un nom de code, vous et votre frère ?*


Oui, on nous appelait «les frères Thiers», car la brasserie de mes parents était située avenue Thiers. Il valait mieux être codé pour ne pas être trop identifié, et de plus, on ne connaissait pas les autres chefs de section.

On savait qu'il y avait notamment, dans le réseau Sud, pas mal d'Espagnols qui avaient fui le franquisme et la guerre d'Espagne en 1936. Ils avaient intégré la Résistance des réseaux communistes, notamment.

*Entendiez-vous parler de l'Armée secrète ?*

Non, pas vraiment, car les réseaux ne sont pas encore unifiés en armée de libération. Chacun œuvrait dans son coin, à ce moment-là.

*En 1943, il y a eu l'instauration du STO, le Service du travail obligatoire. Vous y participiez ?*

Non, nous n'avions pas l'âge requis, mais d'abord, il y a eu le Service du travail volontaire. C'était des Français qui allaient travailler en Allemagne, des Français volontaires, et ils étaient payés le double ou le triple en Allemagne, où on avait besoin de main-d'œuvre ! Beaucoup ont obéi pour des raisons matérielles, car il y avait beaucoup de chômage en France, à cette époque. C'est ce qu'on avait appelé d'abord « la relève volontaire ». Pierre Laval, en 1942, et le maréchal Pétain, ensuite, avaient même incité les Français à aller en Allemagne pour y travailler. Mais cela n'eut pas le succès escompté et on a créé « la relève forcée » pour obliger les ouvriers, les chômeurs et ensuite le maximum de célibataires à partir.

Ensuite, l'administration française, sur ordre des Allemands, crée le STO, Service du travail obligatoire et là, on sélectionne des jeunes Français promis au service militaire, et on les oblige à partir. Ils n'avaient pas le choix! Ils étaient sélectionnés en fonction de leur âge et toutes professions confondues. Ils allaient faire toutes sortes d'activités, boulangers, maçons, etc. Beaucoup ont déchanté, car le rythme du travail était très soutenu, les Allemands les traitaient mal, et parfois les salaires n'étaient pas au rendez-vous. Beaucoup désertaient. Il faut dire qu'il y a quand même eu beaucoup de réfractaires à partir de 1943. La Résistance a d'ailleurs profité de ces désertions : environ vingt pour cent d'entre eux ont rejoint le maquis.

La propagande de Vichy affirmait que, pour un ouvrier français qui travaillait en Allemagne, des prisonniers français étaient libérés. Mais ce n'était pas la vérité... ils mentaient, et peu sont vraiment revenus. On ressentait le poids de l'administration de Vichy et des Allemands, qui nous manipulaient. C'était aussi cela, la Résistance, il fallait désobéir et prendre ses responsabilités.

*Vous aviez pensé à « prendre le maquis » ?*

Non, la région où nous étions ne s'y prêtait pas. Il aurait fallu, comme dans les Alpes, le Jura ou le Massif central, des endroits peu accessibles, où une végétation abondante aurait pu favoriser les opérations, mais en ce qui nous concernait, il s'agissait plutôt d'actions dans l'ombre. Nous luttions pour notre indépendance nationale, c'était notre motivation de résistants, quel que soit le niveau où nous nous trouvions. La dictature, le nazisme, le racisme, la déportation, tout cela nous écœurait. Nous avions le devoir moral de résister.

*Y a-t-il eu des femmes dans la Résistance ?*

Oui, bien sûr, et même très méritantes dans leur comportement au sein de la Résistance. Rappelez-vous du courage exemplaire et de la détermination de Lucie Aubrac, femme de résistant emprisonné, et de bien d'autres femmes encore…

*Combien de temps a duré cette action dans l'ombre ?*

À partir du moment où nous avions adhéré, il n'était guère possible de renoncer à l'action. La finalité était la libération de la France ou au moins la conclusion d'une paix honorable et le retour à une liberté complète et reconnue par tous. Il fallait que cela dure jusqu'à ce que l'objectif soit atteint !*

---

* Voir en annexe le programme du Conseil national de la Résistance.

*Comment s'est produite votre arrestation par les Allemands ?*

Tout est parti de la fuite d'un correspondant de l'Armée secrète : un délégué est venu nous visiter dans la Sarthe afin d'obtenir des renseignements. Ce délégué a pris contact avec Gaulupeau, notre chef, activement recherché. Gaulupeau nous a demandé, à mon frère et moi, de rencontrer le délégué à sa place, un certain Monsieur X… Nous l'avons vu en secret, échangé nos identités puis nos informations… Nous avons décidé de nous retrouver quelques jours plus tard, en compagnie de notre chef de section Gaulupeau, et le voilà reparti de son côté et nous du nôtre… mais ce brave Monsieur X s'est fait contrôler sur la route du retour par deux gendarmes français… et au lieu de garder son calme, il leur a déclaré tout de go : « De toute façon, les gars, moi, je suis de la Résistance, alors laissez-moi tranquille ! »

Les gendarmes, très aux ordres, l'ont emmené à la gendarmerie et ont dressé un procès-verbal. Il a été retenu et le rapport a été aussitôt transmis à la Kommandantur nazie. Arrêté, emprisonné, Monsieur X est envoyé au siège de la Gestapo. Il est interrogé par les SS, on l'intimide et on lui fait subir des pressions. Au lieu de résister, il s'est mis à table et nous a « donnés », nous mettant en cause, indiquant aux nazis notre adresse et le réseau auquel nous appartenions. Vous imaginez bien qu'illico presto, les Allemands se sont précipités dès le lendemain à la brasserie !

Rafle générale devant tout le monde et nous voilà embarqués, toute la famille, père, mère, à la Gestapo !

Heureusement, ma mère a réussi à activer le signal pour prévenir les membres du réseau ORA ! Le signal, c'était de retourner les bottins téléphoniques. Cela pour déclencher la dispersion générale du réseau avant qu'il ne soit repéré et démantelé.

On a donc été embarqués devant la clientèle de la brasserie, mes parents n'étaient pas menottés, mais mon frère et moi, chacun une menotte, pour nous empêcher de prendre la fuite, car on savait que nous étions des sportifs confirmés, et surtout de fameux sprinters !

Nous avons tous été incarcérés dans le bâtiment des Archives, au Mans. Mes parents ont fait mine de ne rien savoir de nos activités secrètes ; au bénéfice du doute, ils ont été libérés quelques jours plus tard. Comme je parlais allemand et que mon frère ne comprenait rien, c'est moi qui ai subi les premiers interrogatoires des services de sécurité allemands.

*Des interrogatoires menés exclusivement par des Allemands ? Ou avec la Milice ?*

Oui, des SS ou des gens de la Gestapo… Les SS, vous savez, ils ne se salissaient pas trop les mains. Ils faisaient exécuter leurs ordres par les autres, plus spécialisés, y compris les miliciens et les policiers français.

On nous a mis à part, dans deux cellules de sept mètres carrés à peine, avec deux autres détenus. C'est là que j'ai fait la connaissance d'un garagiste, Paul Bouttier, qui est resté un ami jusqu'à sa mort. Un autre détenu, qui se disait gendarme, a vite disparu. Je pense que c'était un « mouton », c'est-à-dire une balance, une « taupe » !

*La cellule de la prison.*
*Photo : Édition amicale de la Résistance sarthoise.*

*Et alors ?*

Alors ? J'ai subi quarante-neuf interrogatoires en huit jours ! Le fait de parler allemand me nuisait et, bien sûr, facilitait les interrogatoires. Cela se passait presque toujours la nuit… parfois deux ou trois fois pendant la même nuit… Bastonné, frappé, à la schlague !

Une fois, j'ai eu droit à la baignoire d'eau glacée :
on vous immergeait comme pour vous noyer... On
m'interrogeait sur la Résistance, sur les parachutages...
La moitié du temps, lors de ces séances de torture
musclées, je restais sans connaissance... c'était ma
seule chance, si je puis dire, car là je ne sentais plus
rien, jusqu'à mon retour en cellule...

*Les couloirs de la Prison... le bruit des bottes...*
*Photo : Édition amicale de la Résistance sarthoise.*

Je ne voyais plus mon frère, on était au secret, «*allein*» comme ils disaient : à l'isolement! Des moments terribles de solitude et d'attente. Lors des interrogatoires, un officier SD (Service de sécurité) était toujours présent. Il avait participé à notre arrestation, il était assez violent, malgré un abord sympathique; son rôle : obtenir des résultats. C'était la règle! Vous savez, quand j'entendais à travers la porte de la cellule, dans le couloir de la prison qui faisait environ deux cents mètres de long, résonner les bottes allemandes qui se dirigeaient vers la porte de ma cellule, c'était la panique... Vous vous dites : «Ça y est, encore un interrogatoire pour moi!» C'était le stress permanent! Et la peur de l'exécution, car j'avais, à travers le renseignement, fait pas mal d'espionnage sur le trafic allemand du réseau SNCF.

Mais je n'ai jamais parlé... La consigne, c'était de tenir au moins deux jours, pour que le réseau puisse déplacer les armes et le matériel, redéployer ses membres sur d'autres sites pour se réorganiser dans d'autres canaux de la Résistance. C'est ce qui s'est passé. Notre réseau a été épargné et les membres se sont tous retrouvés dans des poches FFI pour soutenir les Alliés le moment venu et, entre autres, dans les poches de Résistance de Bretagne et de la côte Atlantique.


*Cela a duré longtemps ?*


Un mois environ. On a été arrêtés le 15 avril 1944; le 15 mai, on a été jugés de façon sommaire, sur dossier, par un tribunal militaire. On a été condamnés à la perpétuité et à la déportation. Puis on nous a envoyés, mon frère et moi, à Compiègne, pour être transférés plus tard dans les camps. À ce sujet, pour aller à Compiègne, nous avons dû passer par Paris, car les Allemands voulaient récupérer des prisonniers détenus dans la prison de Fresnes. Nous sommes partis dans deux bus avec d'autres prisonniers. Une centaine environ. Tous menottés les uns aux autres, des Allemands sur le toit de cet étrange convoi, mitraillette au poing, pour éviter toute évasion. Un sacré attelage ! Arrivé à Paris, le chauffeur du bus qui ne connaissait pas la capitale s'est perdu, et c'est moi qui ai été désigné pour venir en aide à ce conducteur de fortune. À un moment donné, j'ai dû lui demander de nous arrêter pour interroger un passant, pour savoir si nous étions sur la bonne route… Les Allemands, méfiants, m'ont alors dit : « Si tu tentes de prendre la fuite, ton frère sera exécuté sur-le-champ ! » Impossible d'envisager une évasion dans ces conditions !

*Comment se présentait le camp de Compiègne ?*

Compiègne était la ville principale, mais nous sommes finalement allés au camp de Royallieu, près de Compiègne. C'était un camp de regroupement. Il y avait là des milliers de détenus de toutes les régions de France, pour la plupart résistants condamnés comme nous, des gens raflés et des détenus sanctionnés pour fraude ou marché noir, mais aussi quelques Juifs et des criminels de droit commun. Seulement des hommes, pas de femmes ! Nous étions tous destinés à partir dans ces fameux convois de la mort, mais sans le savoir, bien sûr. Les convois dirigeaient les prisonniers vers tous les camps de concentration d'Allemagne. Auschwitz, Buchenwald, Mauthausen, Sachsenhausen, Ravensbrück et Dachau. Entre le 1er janvier et le 26 août 1944, soit durant huit mois, il est parti de Royallieu trois cent vingt-six convois, soit une moyenne de dix convois par semaine! Des milliers d'hommes, dont beaucoup sont morts exécutés, gazés ou emportés par l'épuisement et les mauvais traitements! Dans ce camp de regroupement, nous avions une relative liberté de mouvement. Il y avait des Allemands, avec des chiens en laisse, qui montaient la garde, et des sentinelles postées. On ne pouvait pas sortir, mais on pouvait aller et venir à l'intérieur. Nous étions captifs certes, mais pas encore contraints et forcés comme ce fut le cas plus tard. Ce camp de regroupement, nous l'avons vécu comme une halte, un répit, qui n'a malheureusement pas duré.

*Vous aviez peur?*

Vous savez, c'est paradoxal, mais je préférais partir dans les camps plutôt que revenir au Mans, car les interrogatoires de la Gestapo avaient été une torture physique et mentale insupportable. Entre la peste et le choléra, comme on dit!... Mais je ne savais pas encore ce qui nous attendait.

*Comment s'est passé votre transfert du camp de Royallieu à Dachau ?*

Le 1er juillet 1944, alors que des rumeurs de libération du pays semblaient se confirmer, on nous a annoncé qu'on allait partir en Allemagne, dans le camp de concentration de Dachau ! C'était un choc pour nous ! On s'est dit : « Ce n'est pas encore fini… »

Et ça s'est fait le lendemain. Rassemblement ! Deux mille cent soixante-six personnes sur la grande place du camp de Royallieu. En colonnes ! On quitte le camp pour aller à pied prendre le convoi à la gare de Compiègne. On traverse les rues de la ville, très encadrés par les soldats allemands. Personne dans les rues, et aucune aide possible de la part des habitants qui avaient certainement trop peur pour eux-mêmes. Des sentinelles avaient même des grenades défensives dans les bottes, au cas où un mouvement de masse aurait eu lieu ! À notre départ du camp, nous avons reçu une boule de pain et un morceau de cervelas… Ce fut notre seul repas en quatre jours !

*Puis on vous fait monter dans le train…*

Le train 7909. Un train long, noir, métallique, avec une vingtaine de wagons à bestiaux. À la fin de la matinée du 2 juillet, par groupe de cent personnes, on nous a embarqués comme du bétail ! C'était des cris, des hurlements, des menaces, parfois des coups de pied et de crosse de la part des Allemands. « *Loss! Loss! Loss! Schnell! Schnell! Schnell!* » Ils vociféraient ! Les portes en ferraille grinçaient et coulissaient… et vlam ! Elles furent hermétiquement fermées et plombées ! Notre wagon était le numéro 24. En tête et en queue de train, il y avait des soldats allemands pour nous surveiller. Dans la guérite de chaque wagon, un Allemand était en poste avec sa mitraillette et guettait les candidats à l'évasion. On était entassés les uns sur les autres… Vous imaginez les jours de grève dans le métro quand tout le monde se pousse et râle… eh bien, c'était comme cela, sauf que là, on partait pour nulle part… avec des ennemis en face… prêts à tout pour nous tuer et nous exterminer !

Le convoi s'est ébranlé et on est partis pour l'enfer… Certains priaient, d'autres pleuraient, appelaient à l'aide ou criaient… C'était atroce !

*Comment s'est passé le voyage ?*

L'horreur ! Une petite lucarne grillagée qui laissait passer un peu d'air, un fût de deux cents litres pour faire nos besoins. Notre seule chance, si je puis dire, c'était que notre wagon n'était pas trop surchargé, comparé à d'autres. Beaucoup étaient debout, certains assis, d'autres couchés. Il a fallu une discipline pour s'organiser et ne pas craquer ! D'ailleurs, dans certains wagons, il y a eu des révoltes entre déportés, des bagarres. Des coups de folie. Il régnait une chaleur intenable. En plein juillet, il faisait plus de trente-quatre degrés à l'extérieur et plus de quarante degrés à l'intérieur. De plus, le convoi était très très lent : vingt, vingt-cinq, trente à l'heure maximum. Le voyage s'est prolongé jusqu'au 5 juillet, c'est dire ! À cela, plusieurs raisons. Il y a eu des ennuis mécaniques, des sabotages, des bombardements à proximité, tout cela ralentissait le convoi… car il ne faut pas oublier que nous étions en 1944 et que les Alliés étaient très actifs à ce moment-là face aux Allemands.

La déshydratation n'a pas tardé à produire ses effets. On a dû entasser les morts dans un coin. L'odeur fétide des cadavres aggravait le sentiment d'asphyxie. Un vrai cauchemar ! Je me souviens d'avoir vu quelqu'un faire les poches d'un mort. Le bien et le mal commençaient à se confondre ; dans ces situations de détresse, on assiste à des choses horribles !

*Comment réagissiez-vous à ces conditions de vie inhumaines ?*

Il fallait tenir, même si c'était incroyablement difficile. On avait la chance d'avoir été embarqués avec des camarades du Mans et cela nous a aidés moralement. Même si, pendant le trajet, deux d'entre eux sont morts ! On n'était plus rien ! On était abrutis, on ne savait plus quoi faire… On essayait de passer des petits mots par le grillage qu'on lançait sur la voie, pour appeler à l'aide, pour que l'on prévienne notre famille, mais en vain ! On n'imaginait plus rien, on était perdus, affamés, assoiffés, angoissés, pour nous-mêmes et les nôtres… On n'avait plus de forces. On ne parlait plus. On était comme des bêtes.

Parfois, il y avait des hurlements. Certains tombaient dans la démence et voulaient mourir, se tuer, la peur panique de la mort, de l'inconnu. D'autres cris répondaient aux premiers… la folie collective menaçait, sans pourtant prendre le dessus.

Je me souviens qu'on nous avait dit au départ : «Si quelqu'un tente de fuir, il y aura des représailles ! Pour un évadé, dix seront pris au hasard et fusillés ! Prenez garde !» Malgré cela, on a essayé d'ouvrir le plancher avec des couteaux ou des objets en fer qui avaient échappé à la fouille… pour tenter de «se faire la belle» par la voie en sautant… au moment où le train s'arrêtait, ou quand il avançait à vitesse réduite… Mais des gens de notre wagon s'y sont opposés et nous ont empêchés de le faire… Ils nous ont dit que nous serions collectivement responsables de la mort d'autres déportés. On a donc été obligés de renoncer.

De plus, il y avait des chaînes qui pendaient en dessous des wagons. Si on sautait sur la voie, on risquait de rester accrochés, d'être traînés par la chaîne, et broyés par les roues du train… La solution était de sortir du train à l'occasion d'un arrêt, mais à chaque arrêt, il y avait des sentinelles partout !

Ainsi, la nuit a succédé au jour, la fraîcheur du soir à la canicule de la journée, dans cette prison sur roues qui avançait vers l'inconnu et, sans que nous le sachions, vers la mort de beaucoup d'entre nous…


*Un véritable enfer !*

Oui… la désespérance, la crainte, l'angoisse ! Je me souviens de l'arrêt à Sarrebruck… car le train était parti de Compiègne, puis il était passé par Reims, Sarrebruck, Munich, pour arriver à Dachau ! À Sarrebruck donc, il y a eu une altercation entre les Allemands, le capitaine du train et le chef de gare allemand… Celui-ci voulait donner des vivres aux déportés… et il a obtenu que les portes des wagons soient ouvertes… D'abord, on a fait débarrasser les morts vers des voitures « réservées », car tous les détenus, morts ou vivants, devaient arriver à Dachau ! Tels étaient les ordres et rien n'aurait infléchi les Allemands. Puis on est repartis en direction de Munich et Dachau. Notre convoi de l'horreur, avec ses morts, ses survivants, et sa barbarie, a redémarré comme si de rien n'était !

En gare de Reims, on a vu des femmes de la Croix-Rouge qui, à travers la lucarne, nous ont donné un peu de soupe et de l'eau… mais en dehors d'un peu de compassion, et de gêne dans le regard de ces « humanitaires », rien d'autre !… De toute façon, elles ne se rendaient même pas compte de l'état dans lequel nous étions ! Et puis l'action de la Croix-Rouge en général, pendant la guerre, n'a pas été, sous couvert de neutralité, très exemplaire !

Finalement, le convoi de l'horreur, de la peur et de la mort du 2 juillet 1944 a laissé mille six cent trente personnes rescapées et cinq cent trente-six morts en cinq jours… plus de cent morts par jour… c'est l'effroyable bilan de ce seul convoi, et il y en a eu des centaines, voire des milliers, comme celui-là pendant la guerre ! Des convois organisés, planifiés par la grande machine destructrice du Reich… pour exterminer les Résistants, mais aussi les Juifs, les Tziganes et tous les humains qui osaient se dresser contre le régime nazi…

Et figurez-vous qu'il a été prouvé que les Allemands financaient ces convois avec les biens qu'ils saisissaient aux prisonniers… les maisons, les immeubles, l'argent, l'or… tout cela servait à payer les convois des déportés qui, cela paraît incroyable, payaient en quelque sorte leur propre mort ! Car l'armée allemande n'avait pas de budget affecté pour l'extermination des opposants au régime, le cynisme planificateur et machiavélique allait jusqu'à financer leur machine diabolique de cette façon !

*Vous êtes arrivé à Dachau le 5 juillet 1944.*

J'ai pensé : « Le train de la mort s'arrête enfin ! »

Les portes des wagons se sont ouvertes… on est descendus, pétrifiés de peur… la pluie, les cris des Allemands, avec les chiens qui aboyaient… « *Heraus ! Heraus !* »

La mort planait déjà sur ce lieu… On titubait… On nous a mis en colonnes… puis on est partis à pied… plus de mille cinq cents hommes en colonnes, encadrés par des soldats, des policiers et des chiens… On marchait au pas… on a traversé la petite ville de Dachau… Personne ne semblait ému… on nous regardait à peine… Les convois se sont succédé depuis des années, alors un de plus ou de moins… on nous ignorait ! Nous étions transparents… L'atmosphère était irréelle… Soudain, une pancarte : « Dachau ». Un nouveau choc pour nous… On avait déjà entendu parler de Dachau… On savait que c'était un camp de concentration, mais on allait découvrir que c'était un camp d'extermination… On est entrés dans le camp… Si on traînait, on prenait des coups de bâton, de bottes, des gifles…

À l'entrée, une inscription : « *Arbeit macht frei* », la liberté par le travail… c'était une curieuse façon de dire que ceux qui ne voulaient pas travailler seraient exterminés !

Au loin, on ne pouvait pas l'éviter, une cheminée… et une fumée noire… Il y avait donc des crématoires !

À l'entrée du camp, à gauche, un orchestre tzigane jouait un morceau de musique classique ! Un paradoxe, dans ce lieu de mort et de destruction. Les Allemands poussaient le cynisme encore plus loin. En voyant un orchestre, on pouvait se dire : « Tiens, de la musique… C'est rassurant. » Mais, en fait, il s'agissait de nous décontenancer un peu plus. La machine nazie de conditionnement, de destruction et d'asservissement était sans limites. Du machiavélisme pur !

On nous a mis encore une fois en rang. On nous a fait nous déshabiller pour être complètement nus. Sous la pluie ! Nos vêtements posés devant nous.

*Nus.*

On nous a pris nos montres, chevalières, chaînes, stylos, quelques pièces de monnaie, et nos effets personnels, des lettres, des photos, des papiers, tout, tout, tout... tout ce qui nous rattachait à notre vie antérieure, à notre civilisation ! D'ailleurs, vous voyez cette chevalière ? Eh bien, elle m'a été confisquée à ce moment-là. La préfecture de la Sarthe m'a convoqué après la libération pour me la restituer ! Enfin, c'est une anecdote, cette chevalière, mais j'y tiens beaucoup.

Pour en revenir à notre arrivée et à ce moment précis de la fouille... nous nous sommes retrouvés comme ça, totalement nus ! C'était très complexant, humiliant, traumatisant aussi... Nous étions des hommes de tous âges... tous choqués ! Nous étions rabaissés au niveau de l'animal... Nous étions dégradés, des « sous-hommes », comme les Allemands aimaient à nous le répéter inlassablement. Des « *untermensch* », selon l'idéologie nazie !

Ensuite, on nous a tondu la tête, et tous les poils du corps ont été rasés.

On avait l'impression de naître à une autre vie, ou plutôt de renaître en enfer. Je ne reconnaissais plus mon frère rasé… comme moi, du reste, tout aussi métamorphosé ! Nous étions devenus quelqu'un d'autre !

Puis on nous a dirigés vers des hangars immenses. Nous étions deux à trois cents là-dedans… complètement effrayés… Et là, c'était la douche ou la mort ! J'avais remarqué des tubulures au plafond. C'était des canalisations d'eau et de gaz… Pour nous, prisonniers valides et résistants qui pouvaient être productifs, c'était la douche et le travail. Les Juifs, les Soviétiques, les Tziganes, les homosexuels ou les francs-maçons, quant à eux, étaient voués à une mort certaine et à une destruction systématique !

Par la suite, j'ai appris que les chambres à gaz avaient été construites en 1942, et j'ai pu savoir qu'il y avait eu énormément d'exécutions par pendaison ou fusillade à Dachau.

*Pour vous, les choses allaient de pire en pire…*

J'étais abruti par ce que je voyais. J'avais une peur intense ! On ne savait plus qui on était ! Nous n'éprouvions même plus de sentiment de révolte ! Nous étions cassés, détruits ! Anéantis ! Pourtant, mon frère et moi, nous avons résisté. Dans ces moments-là, on trouve toujours une lueur d'espoir au fond de soi.

Après la douche, on nous a désinfectés avec un pinceau et du liquide genre grésil ou DTT... sous les bras, entre les fesses, comme du bétail contaminé !

Autant de pressions psychologiques qui nous anéantissaient petit à petit !

Puis, on nous a donné un uniforme-pyjama rayé avec des raies verticales, un petit chapeau et des galoches en bois... On nous a donné aussi une gamelle en fer-blanc pour nos repas... et un demi-litre de soupe... une couverture... et direction notre bloc. Le nôtre portait le numéro 24. Nous étions au moins deux cents, entassés là-dedans. Il y avait des rangées de trois lits superposés, sans matelas, faits de planches en bois recouvertes de toile de jute. Nous avons pu nous étendre là et enfin trouver le sommeil. Le lendemain, après l'appel interminable sur la place carrée, est venu le moment du marquage : notre numéro de matricule était cousu sur notre vêtement... Mon numéro à Dachau était le 72867, ensuite, dans le camp de travail de Neckargerach, c'était le 22873, avec un triangle rouge cousu.

On nous a fait remplir un questionnaire qui demandait de décliner notre identité. C'était un premier tri pour essayer de savoir ce qu'on était capable de faire.

Avec mon frère, nous avons noté que nous étions étudiants. Je n'ai pas dit que je parlais allemand, car je me doutais de l'exploitation que feraient de moi les Allemands comme interprète, en raison des nombreux arrivages de prisonniers, et de plus, j'aurais été séparé de mon frère, ce que je ne voulais à aucun prix.

*Des codétenus savaient-ils que vous parliez allemand ?*

Certains s'en doutaient, mais ils n'en étaient pas sûrs. Mais les Allemands auraient dû le savoir, puisque le réseau de la Résistance m'avait placé à la gare du Mans pour faire du renseignement, comme je vous l'ai dit précédemment.

*Vous n'avez pas subi de marquage au bras ?*

Non. Le tatouage au bras se faisait quelques jours plus tard… et il s'est trouvé que notre bloc 24 a échappé à ce marquage, car nous avons été envoyés très rapidement dans la mine souterraine de Neckargerach, dans la vallée du Neckar. Nous étions employés à déblayer et aménager cette vieille mine qui servirait, une fois transformée, de lieu de fabrique de pièces d'avion destinées à l'aviation allemande. Nous en reparlerons, mais cela prouvait la planification extrême des Allemands. Ils nous avaient, en quelque sorte, présélectionnés pour devenir de futurs forçats. Ce que nous ne savions pas encore, bien entendu.

*Avez-vous pensé à mettre fin à vos jours ?*

Jamais. Vous savez, mon frère et moi, nous étions sportifs, endurants et forts de caractère… j'ai dit à mon frère : « Tu sais, s'il y en a deux qui doivent revenir, ce sera nous !» Il me semble aussi que par rapport à mon frère jumeau, j'ai toujours eu un sentiment et un rapport d'aîné... Et je me devais de le protéger, de le ramener à la maison !

Je ne le lui ai jamais dit, mais tout ce que j'ai pu faire dans le camp, c'était dans ce but, cette finalité-là, mais il l'a sans doute compris sans me l'avouer !

Je me souviens que, malgré toute cette horreur, il y avait parfois des éclairs et des lueurs d'espoir. Ainsi, un soir, j'avais vu le passage d'une forteresse volante de deux cents bombardiers américains et leur escorte de chasseurs... Énorme armada... qui a survolé le camp en direction de Munich pour aller bombarder la ville allemande... De telles visions nous réconfortaient et nous faisaient reprendre espoir !

*Vous êtes resté un mois au camp de Dachau, mais vous en avez vite compris le fonctionnement, semble-t-il... Comment était-il organisé ?*

D'abord, ce que je tiens à dire, c'est que lorsque nous sommes arrivés et que nous avons été installés dans nos blocs, j'ai vu les « *sonder commandos* » qui emmenaient les morts aux fours crématoires... Je les situe encore précisément dans une zone à la limite du camp, presque à l'extérieur...

*Ils étaient nombreux, ces « sonder commandos » ?*

Une dizaine environ. C'était des déportés comme nous, employés pour ce travail spécial. Ils avaient une charrette remplie de corps et c'était un va-et-vient permanent vers les fours crématoires... Ceux qui tiraient les charrettes de corps, et ceux qui brûlaient les corps dans les crématoires... Ils ne le savaient pas, mais ils étaient ensuite systématiquement exterminés et éliminés. Pas de témoins, pour les Allemands.

*Et les crématoires, vous les avez vus fonctionner ?*

Oui, je les ai vus. C'était des blocs en béton, il y en avait plusieurs. Nous étions abasourdis. Même en le voyant de nos yeux, c'était difficile à croire... Que des hommes aient décidé et planifié cette destruction, cet anéantissement humain... cette extermination de masse !

Dachau était l'un des premiers camps de concentration. Il a été créé en 1933.

Au début, il y avait surtout des prisonniers politiques allemands et des opposants au régime nazi. Des communistes, des socio-démocrates. Puis, on y a interné des Tziganes, des homosexuels, des témoins de Jéhovah, et aussi des « asociaux ». C'est à partir de 1937 que Dachau a accueilli les premiers Juifs, puis davantage. Après la nuit de Cristal, en novembre 1938, le camp a été agrandi. Il a conservé sa structure jusqu'en 1945.

*Comment était l'intérieur du camp ?*

Il était divisé en deux, comme je vous l'ai dit : la zone du camp et la zone du four crématoire. Dans la zone du camp, il y avait trente-deux baraques, dont une réservée aux membres du clergé, emprisonnés en raison de leur opposition au régime nazi, et une autre destinée aux expériences médicales. Il y avait aussi un corps de garde à l'entrée du camp, puis des bâtiments de cuisine, des buanderies, des douches, des ateliers de travail, et un bloc prison. Il y avait une petite cour pour les exécutions sommaires. Le camp était entouré de fils de fer barbelés électrifiés et d'un fossé... à chaque extrémité, il y avait des tours de guet avec des soldats armés de mitrailleuses.

Autour du camp, il y avait un *no man's land* ; difficile, donc, de s'évader, car les gardes, dans les miradors, vous repéraient facilement et vous abattaient !

*C'était une forteresse ?*

En quelque sorte. Et à côté de ce camp, il y avait la zone des fours crématoires. Les prisonniers étaient régulièrement sélectionnés. Les gens trop faibles ou malades étaient euthanasiés. Il y avait aussi des expériences médicales à Dachau. On testait des médicaments sur les prisonniers. Des cobayes humains, en quelque sorte. Une horreur ! Des expériences sur la malaria, la tuberculose, furent menées. Beaucoup de prisonniers moururent ou restèrent handicapés à vie suite à ces expériences. Puis, il y avait le travail forcé dans le camp et à l'extérieur du camp... On envoyait des commandos de prisonniers refaire des routes, ou dans des carrières de pierres.

*Y avait-il beaucoup de prisonniers, dans ce camp ?*

Oui, nous avons su par les Américains, à la libération, que nous étions près de soixante mille prisonniers environ, quarante mille prisonniers politiques, plus de vingt mille Juifs. On a su aussi qu'au moment de la libération du camp, les Allemands voulaient dissimuler ce qu'ils y faisaient, mais, pris par le temps, ils n'ont pas pu et on a retrouvé plus de quarante wagons de trains de cadavres gazés. Vous imaginez ! De nombreux prisonniers ont été exécutés au tout dernier moment par les SS.

On peut dire qu'entre le moment de sa construction en 1933, et 1945, année de la libération, plus de cent quatre-vingt-dix mille personnes sont passées par Dachau ! Et il n'y a pas eu que Dachau !

*Vous avez pu entrer en contact avec d'autres prisonniers ?*

Une fois installé dans nos blocs, j'ai pu parler avec des anciens du camp qui étaient là depuis plusieurs années. Ils m'ont appris comment des marais, avant la construction du camp, avaient été asséchés par des hommes morts d'épuisement, et comment le camp s'était bâti et construit au fur et à mesure…

Au début, m'ont-ils dit, la chambre à gaz et le four fonctionnaient jour et nuit. Son activité avait ralenti depuis.

*Pourquoi ?*

Peut-être que les Allemands sentaient la fin de la guerre. La discipline semblait moins dure, les appels qui, auparavant, étaient interminables sont devenus moins longs. Après 1943, il y a eu un tournant psychologique dans cette guerre. La bataille de Stalingrad, qui a duré presque un an et qui a provoqué un à deux millions de morts, côté allemand et russe, a été un revers de taille pour Hitler. Le début de la fin, en somme, et un espoir renouvelé pour les Alliés.

*Y avait-il différentes catégories de détenus à Dachau ?*

Il y avait les Juifs qui étaient très exposés à une mort immédiate, un anéantissement planifié, car l'idéologie nazie avait concentré sa haine sur eux. On trouvait aussi des criminels de droit commun et ceux que l'on appelait les «asociaux». C'était des voleurs de grands et petits chemins… puis on trouvait des «politiques», ceux qui étaient hostiles au parti national-socialiste. Je me souviens que, dans une partie du camp, il y avait des prisonniers de marque, députés, ministres et maires, en clair, des opposants allemands au régime nazi. Ils étaient traités différemment. Mais beaucoup périrent aussi.

Nous, les résistants, nous étions considérés comme des terroristes… parce que nous combattions par les armes. Il y avait aussi ceux qui étaient considérés comme des adversaires philosophiques, notamment les pasteurs protestants ou prêtres catholiques, les francs-maçons… mais aussi des membres d'associations comme les témoins de Jéhovah, car ses membres refusaient de prêter serment au régime nazi et de porter les armes… Leur épuration a commencé dès 1936 et ils eurent la vie très dure dans les camps.

Parmi les autres subdivisions, il y avait les homosexuels… beaucoup d'entre eux furent, sur un seul soupçon, dénoncés et périrent dans les camps.

*Qu'en était-il du traitement des homosexuels ?*

Au cours de la guerre, ils furent déportés par milliers dans tous les camps. Himmler, l'un des sbires d'Hitler, les voyait comme «une menace pour l'ordre et le rendement de l'État». Il considérait aussi que les homosexuels étaient malades sur le plan psychique. En novembre 1940, il avait déclaré : «Il faut abattre cette peste par la mort! »

Ce qui est paradoxal, c'est que les persécutions allaient vers les hommes, pas les femmes. Les lesbiennes n'étaient pas visées, car, selon les nazis, elles ne mettaient pas en péril la race aryenne allemande.

À Dachau, il y eut environ cinq cent quatre-vingts homosexuels déportés.

*En avez-vous connu ?*

Personnellement, non, mais j'ai vu des SS qui frappaient des prisonniers au triangle rose pour les humilier et par haine. Dans le camp, on les isolait, de peur qu'ils ne « contaminent » les autres prisonniers et les soldats, c'est vous dire comment les Allemands les considéraient !

Les « triangles roses » manquaient de réseaux et de soutien. Ils étaient souvent la proie de brutalités. J'ai su, plus tard, que certaines expériences médicales furent menées sur eux, afin de trouver un traitement à ce que les nazis prétendaient être une maladie. Il y eut beaucoup de mutilations comme des castrations, des infections qui entraînèrent la mort… Devant la peur de la mort et l'envie de survivre, certains prisonniers homosexuels échangeaient des faveurs sexuelles contre des repas ou la protection de kapos.

*Les enfants déportés étaient-ils aussi victimes de sévices ?*

La promiscuité régnait, c'était un camp d'hommes. Les tendances refoulées refaisaient surface dans ce monde clos où la barbarie avait fait sauter les limites du bien et du mal. On a appris que des prisonniers politiques utilisaient de jeunes enfants, garçons ou filles, pour assouvir leurs besoins sexuels refrénés depuis plusieurs années. Des actes homosexuels puis pédérastiques avec ceux que l'on surnommait « les poupées ». Quinze pour cent des mineurs internés avaient moins de 12 ans et quatre-vingt-cinq pour cent entre 12 et 18 ans. Ils étaient victimes de débauches, et faisaient l'objet de corruptions infâmes !

Les chefs de bloc et certains kapos faisaient feu de leur pouvoir. Nous savions par exemple qu'avec de jeunes Polonais, cela se passait assez fréquemment. Ils se laissaient corrompre et influencer par des Allemands et des chefs de chambres. Pour obtenir des repas, des avantages, des travaux moins pénibles, des permissions de ne pas aller au travail sous prétexte qu'ils étaient malades. Des petits avantages qui faisaient qu'ils pouvaient survivre.

Vous savez, chaque minute, chaque heure, chaque jour, qui passaient étaient autant de défis face à la mort. Alors certains n'hésitaient pas à utiliser tous les moyens dont ils disposaient pour rester en vie !


*Que devenaient-ils ensuite ? Étaient-ils tués ?*


Pas fatalement. Le jour où ils ne plaisaient plus, ils étaient remis avec les autres. Moi, je n'ai pas souvenance de contacts sexuels entre déportés. On n'avait pas envie de cela ! On dormait sur un matelas minuscule à trois, collés là-dessus, en ayant mal aux membres, en étant parfois malade, le froid était terrible. Le poêle de la chambre ne servait que rarement en plein hiver.

Il faisait de moins quinze à moins vingt degrés. Et nous n'avions pas de bois à brûler et encore moins de charbon, alors…

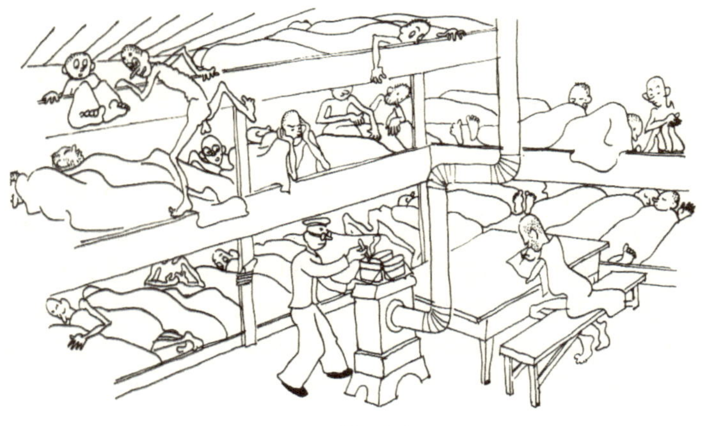

*Le bloc 24.*

*Vous avez parlé de triangles de couleur. Les couleurs portées par les prisonniers avaient donc une signification particulière ?*

Oui, il fallait que tous les détenus soient reconnaissables. Alors, les Allemands, avec leur tenace sens de l'organisation, avaient imaginé une série de triangles de couleurs différentes, en fonction de chaque « état » des prisonniers… Des couleurs qui s'ajoutaient les unes aux autres…

Le triangle vert était pour les criminels ; pour les témoins de Jéhovah, un triangle violet ; noir pour les asociaux ; rose pour les homosexuels ; brun pour les bohémiens ; et les Juifs avaient toujours un triangle jaune et, selon qu'ils étaient politiques, criminels, un autre triangle qui s'additionnait !

Il y avait aussi un système de lettres pour les nationalités : « N » pour Néerlandais, « F » pour Français, etc. Et pour ceux qui étaient soupçonnés de vouloir s'évader, on leur avait peint, en rouge et blanc, une cible dans le dos !

Moi, j'avais un triangle rouge, car, en tant que résistants, nous étions considérés comme des terroristes, je vous l'ai dit.

*Vous avez également évoqué des expériences médicales à Dachau. De quoi s'agissait-il ?*

Le docteur allemand Rascher, et son adjoint Neff, ont mené des expérimentations de plusieurs types à Dachau… Sur le foie, la malaria, sur l'absorption de l'eau de mer, mais aussi sur les basses pressions au profit de l'aviation allemande, la Luftwaffe et la marine, la Kriegsmarine, notamment… Sur le froid, enfin, la tuberculose et même l'emploi de la mescaline… Plus d'un millier de personnes, « cobayes humains », en ont été victimes, et sont mortes des suites de ces expérimentations inutiles. Rascher était un ami personnel de Himmler et un ancien capitaine de l'aviation.

*Vous n'êtes pas resté très longtemps à Dachau… y avez-vous été employé à travailler ?*

Non, car nous devions être envoyés presque aussitôt dans un camp de travail. Ce qui explique l'absence de tatouage au bras, comme je vous l'ai déjà dit.

*Justement, moins d'un mois plus tard, avec votre frère, vous intégrez un convoi de trois cents détenus pour aller travailler dans le camp du Neckar ?*

Oui, à partir de fin juillet, début août 1944, on nous a affectés à la construction d'une usine souterraine pour l'industrie de guerre allemande.

*Comment avez-vous été sélectionnés ?*

Sur notre aspect physique et en fonction de notre état de santé. Il ne fallait pas être trop chétif, pour être apte à réaliser un travail de force. On ne le savait pas, bien sûr, à ce moment-là. Les SS ne cherchaient pas de professions en particulier, simplement des hommes forts et en bonne santé. Puis, on nous a envoyé depuis Dachau, par le train, dans une ancienne carrière désaffectée de soufre et de gypse qui se situait dans la vallée du Neckar : la mine d'Obrigheim, proche du camp de travail de Neckargerach. Là, nous nous sommes retrouvés employés dans un « bagne » ! Comme des esclaves ! Notre travail consistait à construire une usine sous terre, qui devait être destinée à l'industrie aéronautique de guerre, notamment la marque Daimler-Benz, comme je vais vous l'expliquer plus tard.

*Comment s'est passé votre départ de Dachau, puis l'arrivée dans ce camp de travail ?*

À peu près trois cents hommes forts et en bonne santé ont été jugés aptes au travail… À l'occasion de cet examen des prisonniers, les Allemands nous ont encore une fois triés et ils se sont débarrassés des moins robustes. Puis, une rumeur a circulé : on nous a fait croire que nous allions changer de camp pour effectuer des travaux agricoles dans des fermes ou exploitations fermières des alentours. On nous a donc, encore une fois, rassemblés sur la place du camp. Encore une fois, l'appel interminable. Sous l'emprise des officiers allemands brutaux et qui vociféraient toujours les mêmes menaces, distribuaient des gifles, des coups de bottes ou de bâton… Puis, nous avons pris la direction de la sortie du camp et de la gare de Dachau… À pied, dans le froid et la poussière.

Une fois à la gare, on nous a embarqués dans un train avec des wagons en mauvais état, mais pas de wagons à bestiaux cette fois… des voitures de passagers. Nous avons pu remarquer que certains soldats appartenaient à la Luftwaffe, l'armée aérienne allemande.

*Vous étiez toujours avec votre frère et des gens de la Sarthe ?*

Oui. En roulant, dans le train, les informations ont commencé à circuler sur notre véritable destination. Nous ne savions pas encore que nous allions vivre l'enfer du bagne et des travaux forcés !

Nous nous sommes arrêtés à Neckarelz, puis nous sommes repartis à Neckargerach, notre terminus. Neckarelz et Neckargerach sont situés près de Mosbach dans la région allemande de Bade Wurtenberg, dans la vallée du fleuve Neckar.

Carte de la vallée du Neckar.

On ne le savait pas en arrivant, mais il y avait là, à proximité, le camp de concentration de Natzweiler. Plus tard, nous avons appris que près de dix mille prisonniers y étaient passés entre 1944 et 1945. Ce camp était classé comme parmi les plus durs du système concentrationnaire. On y détruisait systématiquement les ennemis politiques du IIIe Reich.

En fait, Neckargerach était un camp de travail dépendant du camp de concentration de Struthof, situé en France, en Alsace précisément, où est d'ailleurs mort d'épuisement le général Aubert, père fondateur de l'ORA, l'Organisation de résistance armée, pour laquelle je travaillais et dont je vous ai déjà parlé. Le camp de Neckargerach faisait partie d'un ensemble appelé «camp du Neckar». Il y avait cinq camps annexes, qui avaient chacun à leur tête un chef de camp.

Il semblerait que le commandement était centralisé au camp-mère de Natzweiler-Struthof. Il était entre les mains d'un officier SS qui avait déjà fait ses preuves pour avoir administré d'autres camps, notamment Auschwitz. La Gestapo était aussi dans la place et subordonnée au chef de camp. Mais elle ne traitait que des cas de contre-espionnage et de sabotage. Rappelez-vous qu'il s'agissait de participer à une usine d'armement, donc la défense des intérêts de guerre et la sécurité étaient primordiales.

Les baraquements du camp dataient de 1934. Ils avaient été utilisés pour des cités ouvrières allemandes, mais ils étaient depuis désaffectés et furent recyclés dès 1943 pour les besoins de ce nouveau chantier du Reich.

*Ce n'était pas un camp de concentration, mais un camp de travail ; quelle était la différence ?*

Ça n'était qu'une autre forme d'anéantissement. Il s'agissait pour les nazis de disposer d'une main-d'œuvre qui se faisait rare en 1944 pour faire fonctionner, encore et toujours, la machine de guerre, et poursuivre leur idéal du III<sup>e</sup> Reich. Tout était bon pour nous faire travailler jusqu'à la mort. C'était le rendement maximum : il y avait des équipes de jour et de nuit qui œuvraient sans cesse… et les convois de main-d'œuvre fraîche succédaient aux morts et aux malades. Une main-d'œuvre exploitée, non payée — cela va de soi — et qui était renouvelable à souhait ! L'immonde barbarie nazie, encore une fois !

Il y avait quarante-deux commandos et sept sous-commandos extérieurs qui fournissaient la main-d'œuvre pour des usines comme Daimler-Benz. Nous travaillions dans les usines souterraines, à déblayer comme des terrassiers.

Au tout début, il fallait percer, et creuser en sous-sol. Imaginez une mine de nickel qu'il ne faudrait exploiter qu'avec des hommes et un outillage rudimentaire… Des pelles, des pioches et de vieux engins bulldozers. Vous auriez observé une activité de ruche ! Les galeries, au début, étaient des petits boyaux qui mesuraient 2,5 mètres de large. À la fin, on y entrait à quatre camions de front et la galerie faisait plusieurs kilomètres de long sous la montagne ! La galerie principale débouchait d'ailleurs de l'autre côté. De chaque côté, il y avait des décrochages et des guérites. L'usine, au fur et à mesure que l'on avançait, était équipée d'ateliers qui allaient servir à d'autres « esclaves » pour mettre en place la production d'armement.

Nous étions comme des fourmis qui cassaient et dégageaient de la terre, des cailloux, dans des wagonnets toute la journée. Il y avait les explosions à la dynamite par des commandos spéciaux, et nous, nous devions agrandir et progresser. Les déblais de cette terre étaient transportés à l'extérieur, puis évacués.

Parfois, au mois d'août, il faisait très chaud, et puis en hiver il faisait très froid, moins dix, moins vingt. Avec des galoches, une tenue en fibranne, on attrapait facilement des pneumonies ou des pleurésies.

Quand vous pensez qu'il y avait des commandos qui travaillaient à l'extérieur sous la neige, sans chaussettes ni chaussures. Vous imaginez !

*La mine.*

*Y avait-il une réelle organisation du travail, dans la mine ?*

Il y avait de nombreuses galeries en long, en large, de hauteurs différentes, un vrai labyrinthe. Il y avait des équipes qui creusaient, d'autres qui aplanissaient. Il y avait des camions qui déposaient des matériaux, comme de la ferraille, du ciment, de l'eau, enfin un vrai travail de chantier, quoi ! Et quand il manquait des engins pour le transport et le travail de force, c'était nous, les hommes prisonniers-esclaves, qui devions remplacer les machines ! Avec une nourriture insuffisante, commandés par des bourreaux. Vous comprenez maintenant que beaucoup sont morts. Parfois, il fallait renforcer des parties fragiles avec du bois et du béton pour éviter les effondrements. Le soir, après onze heures de travail par jour, nous revenions au camp, on nous comptait et on entassait les morts dans une charrette. Si le nombre de prisonniers était faux, les Allemands recommençaient l'appel et s'il y avait une évasion, on recommençait l'appel plusieurs fois, comme punition ! On voyait alors partir du camp une équipe de nuit… qui ne travaillait qu'à l'intérieur de la mine. En somme, cela ne s'arrêtait jamais, c'était l'enfer concentrationnaire !

Je me souviens, il y avait une possibilité de combattre le froid, c'était de chaparder un sac de ciment vide : on le mettait entre la peau et la veste, mais si on était pris, c'était considéré comme du vol, donc il y avait un châtiment corporel, une punition, mais c'était un moyen de survie ; on prenait le risque, pour survivre !

Dans la mine, il y avait aussi des travailleurs civils allemands : les contremaîtres qui faisaient exécuter les travaux. Ils venaient des villages avoisinants et répartissaient le travail parmi certains prisonniers qualifiés pour installer l'électricité, par exemple. On n'avait pas de liens avec ces Allemands. Ils avaient reçu la consigne de réduire les contacts avec les prisonniers et de ne s'adresser à nous qu'en cas de nécessité. Par exemple, ils ne nous rendaient jamais de services, ils ne nous parlaient pas et ne laissaient pas s'installer des sympathies ou des familiarités avec nous. Nous étions des sous-hommes, selon eux ! Mais ils savaient nous commander et nous maltraiter, le cas échéant.

*Combien de prisonniers étiez-vous à travailler, approximativement ?*

Petit à petit, l'usine se construisait et on installait, je vous l'ai dit, des galeries. Des machines furent installées pour faire des chaînes de fabrication d'armements. Dès qu'une section était fonctionnelle, la production pouvait commencer, et les prisonniers ouvriers étaient mis au travail. On peut estimer que dix mille personnes travaillaient alors à l'intérieur et à l'extérieur de la mine, en incluant la fabrication et les travaux de chantier, les travailleurs civils allemands et les prisonniers-esclaves du camp.

*Tout ce processus était entouré de mystère...*

Oui, l'usine, au fur et à mesure qu'elle prenait forme, devenait un point militaire sensible. Et les mesures de protection se renforçaient. Par exemple, l'usine, au début, était nommée « A8 ». Plus tard, elle fut rebaptisée « opération Goldfish ».

*Cela ressemble à un scénario d'espionnage !*

J'ai appris par la suite que durant la dernière année de la guerre, cette usine souterraine installée dans les mines de gypse d'Obrigheim était la propriété de la société Daimler-Benz. Elle contribuait à l'effort de guerre, comme on dit, et sans vouloir le reconnaître ouvertement, elle était destinée à fabriquer des pièces pour les moteurs d'avion et la Wehrmacht. Daimler-Benz s'est reconvertie après la guerre en usine de moteurs automobiles. Ainsi, sans que ces sociétés ne l'aient jamais reconnu, nous, travailleurs forcés que nous étions, aussi bien français, polonais que russes, avons contribué, à notre insu, au miracle économique de ces entreprises qui ont fait florès sur les marchés allemands et étrangers pendant les années cinquante et soixante et encore de nos jours ! Car si l'opération Goldfish n'a pas abouti faute de temps, grâce à l'avancée des Alliés et à la libération, la part de notre travail d'esclaves a été non négligeable. Des centaines d'hommes sont morts au travail, ont produit et développé du travail. D'autres ont survécu, comme moi et mon frère jumeau, mais sans avoir jamais été rémunérés. Une main-d'œuvre gratuite et forcée, « des esclaves au service des nazis », finalement !

*« Goldfish » était un nom de code ?*

Oui, car il ne fallait pas que soit identifiée officiellement la participation des dirigeants de l'usine à l'essor du III$^e$ Reich. Il fallait, à l'image de l'usine souterraine, camoufler, en quelque sorte, la raison sociale, sous un nom de code secret et mystérieux.

*C'est pour cela que l'on avait décidé de cacher aussi l'usine en sous-sol ?*

Oui, et aussi parce qu'à cette époque, vers 1944, l'espace aérien allemand était menacé par les bombardements alliés, donc il fallait mettre à l'abri l'outil de guerre. De plus, il s'agissait de construire une usine d'armement pour l'aviation de chasse, donc un lieu sensible et stratégique.

*Ceci explique peut-être l'empressement et la pression qui étaient exercés pour faire fonctionner rapidement l'usine ?*

Il semblerait que les premiers repérages dans la région de Mosbach aient commencé en 1943. Le site de l'ancienne mine de gypse d'Obrigheim a été retenue début 1944, et les responsables industriels avaient l'intention d'installer l'usine et de la faire fonctionner avant la fin de l'année 1944 ! Vous imaginez la pression que nous subissions des Allemands et des SS, pour que tout soit opérationnel. C'était de la démence pure en matière de calendrier !

*En clair, votre travail procédait du travail concentrationnaire, comme le fut celui des déportés d'Auschwitz avec d'autres entreprises ?*

Exactement comme fut exploitée la main-d'œuvre pour les usines IG Farben, le sinistre gaz Zyklon B, ou Krupp, et leurs multitudes de filiales, toutes au service de la machine de guerre nazie. Il faut aussi citer BMW ou Thyssen. Cela n'est plus un secret pour personne, mais il est sans doute utile de le rappeler.

*Y a-t-il eu des bombardements alliés qui, pendant vos travaux, détruisaient tout ou une partie de l'usine ?*

Oui, il y en a eu. Quelques attaques démolirent partiellement les installations, mais tout était rapidement reconstruit.

*Que ressentiez-vous dans ce bagne ?*

Ressentir ? Mais je ne ressentais plus rien dans cette atmosphère de mort. Nous étions morts au sentiment et au ressenti. Il fallait travailler, pour vivre et survivre, pour sortir de cet enfer ! On ne se posait pas de questions existentielles !

*Nous allons parler des conditions de vie et de travail dans la mine. Vous dites « j'ai vécu pire que les esclaves » ! Pourquoi pire ?*

Nous étions des travailleurs forcés comme des esclaves, mais avec la mort au bout du chemin, avec moins d'espoir de survie que le célèbre Tom, l'esclave de *La Case de l'oncle Tom* !

Même dans sa terrible condition d'esclave noir américain, Tom croyait encore en l'amour chrétien qui lui permettait d'espérer… En quelque sorte, il se sentait soutenu par ce lien avec la foi et le culte. Nous, nous n'avions plus d'espoir ! Si on ne mourait pas d'épuisement, ça se finissait pas une exécution. On était coupés du monde réel et de l'humanité, sans aucun contact extérieur avec nos familles, radio, colis ou assistance de la Croix-Rouge. Nous ne savions pas si la guerre allait finir ou durer, nous étions réduits à rien. On ne pouvait pas crier, ni appeler à l'aide, pas de culte, personne pour confesser nos peines, nos chagrins, notre souffrance, RIEN ! Nous étions résignés à l'attente de la mort… et chaque jour, on pouvait disparaître ! En cela, notre condition d'une absolue fatalité, de finitude assurée ou presque, était pire que celle d'esclaves qui pouvaient appeler Dieu à l'aide par le chant, le blues, le gospel ! Nous n'avions que notre conviction intérieure d'une délivrance, un jour. C'est cela qui nous a fait tenir.

*Quelle était la psychologie des nazis ? Comment se comportaient-ils avec vous, les prisonniers, dans votre camp ?*

Ils étaient diaboliques et hystériques. Ils avaient la manie de la maltraitance. Ils étaient complètement retournés par leur idéologie de la supériorité des races, et pour eux, nous n'étions rien !

D'ailleurs, ils nous nommaient les « pièces », les *Stück*, en allemand, nous étions comptés comme des pièces ! Des morceaux de rien ! Nous n'étions pas des humains, tout juste des choses !

Les nazis étaient des fanatiques, des déments pris dans une folie collective de brutalité. Notre vie n'avait pas de valeur pour eux. Elle n'en avait que dans la mesure où elle pouvait être utilisée pour le travail au service de leur idéologie ! Si on ne travaillait pas, on était éliminé !

*Et entre les détenus eux-mêmes ? Y avait-il une solidarité, des rivalités ?*

C'était chacun pour soi. Si on était originaires du même coin, parfois on s'entraidait. De mon groupe de résistants, nous étions cinq. Mon frère, Paul Bouttier, le garagiste dont je vous ai parlé, Paul Collard qui appartenait à un groupe communiste, un autre encore et moi-même. Mais en règle générale, chacun essayait de vivre comme il pouvait, et surtout de survivre ! Il faut se souvenir qu'il y avait une grande mixité sur le plan des origines ethniques. Il y avait la barrière de la langue, même si les Allemands nous apprenaient la leur à coups de gifles ! Il y avait parfois des bagarres entre prisonniers.

*Bagarre entre détenus.*

On était dans un très mauvais état physique, mais en plus, nous étions bouleversés dans notre humanité, nous étions très affectés. Et aujourd'hui, cette souffrance intense que j'ai vécue, j'en porte encore intérieurement les stigmates.

Nous n'avions plus de personnalité. D'un seul coup, nous avions changé de monde, nous avions peur, nous subissions quotidiennement énormément de pressions ! Nous étions choqués en permanence, nous subissions des traumatismes chaque jour, psychiques, physiques. Imaginez, tout d'un coup à l'appel, on faisait sortir des gens du rang, dix, quinze personnes, qu'on ne revoyait plus jamais ! On apprenait qu'ils avaient été exécutés ! Nous nous assimilions au camp et au fonctionnement du camp.

*On dit : « Le pire ennemi du détenu, c'est le détenu ».
Pourquoi ?*

À cause des chapardages ou des vols entre détenus, des dénonciations, des bagarres même. Il ne fallait pas se confier, il fallait se taire. Les autres détenus n'avaient plus d'humanité. Ils étaient anéantis par les punitions, les offenses qu'ils subissaient, donc ils devenaient aussi des bourreaux pour les autres.

Par exemple, les kapos, c'étaient des prisonniers comme nous, au début. Mais parce qu'ils étaient plus haineux, ils avaient été promus, et ils étaient devenus asservis au système concentrationnaire, donc ils n'avaient plus d'humanité, comme toute la hiérarchie du camp, les politiques, les criminels, jusqu'aux officiers SS qui étaient à quatre-vingt-dix pour cent des brutes ignares et fanatiques ! J'ai vu, dans notre bloc, des détenus enterrer des choses, sans doute une sorte de trésor volé à autre détenu, mais il ne fallait pas s'en occuper, afin d'éviter d'avoir soi-même des ennuis !

Je me souviens, un jour de décembre, d'une désinfection et d'un dépouillage. Ils nous ont fait nous déshabiller en plein froid, tout nus, grelottants, par moins dix degrés, et ils nous ont fait tremper dans une réserve d'eau glacée, comme une mare, mélangée avec des produits ! Nous avons récupéré nos vêtements et couvertures qui étaient partis à la désinfection et qui sont revenus tout mélangés et encore mouillés, il fallait les retrouver par numéro de matricule. Dans ce genre de situation, des altercations ne manquaient pas d'éclater. Vous imaginez le chaos et l'angoisse ! On était transis de froid, la peur de ne pas retrouver son matricule s'ajoutait. Il y avait de quoi crever sur place !

*L'épouillage.*

Je me souviens : il y avait un kapo français. Lui, il ne voulait pas faire le gentil, mais il ne voulait pas être trop méchant non plus… Avec une telle attitude, il a eu des ennuis avec les Allemands et aussi par la suite à son retour en France.

*Un autre grand déporté de la Résistance a été interné dans le camp du Neckar, c'est Pierre Kahn, alias Roger Farelle. Il a publié le récit de sa captivité, comme vous. Avez-vous entendu parler de lui, l'avez-vous connu ou rencontré ?*

Non, je ne l'ai pas connu personnellement… peut-être l'ai-je croisé sans le savoir, mais son nom figure, comme le mien et celui de mon frère, dans le live de Christian Bernadac, *Le Train de la mort*. Il est inscrit parmi les 1 630 rescapés des camps. Je sais qu'il a ensuite écrit son récit de vie qui fut publié dans la presse locale à la libération.

*Comment se déroulait une journée de la vie d'un « forçat » au camp de Neckargerach et à la mine ?*

On nous faisait lever à coups de sifflet, à quatre heures du matin. On devait se préparer à la hâte. Pour les milliers que nous étions, il y avait une seule arrivée d'eau pour cinq lavabos dans tout le camp. Aucune possibilité de se doucher ! On avait, en guise de café ou de thé, une eau chaude avec des châtaignes bouillies. Puis, rassemblement général !

*Des appels interminables.*

Après les appels d'usage, par chambres, par blocs, nous étions alignés, et constitués par les kapos en groupes d'unités de travail forcé, en « commandos ». Puis en colonnes, par cinq, nous partions à pied pour un kilomètre et demi jusqu'au train, une navette qui nous transportait à la mine, près de Neckargerach.

Le soir, d'ailleurs, ce kilomètre et demi à refaire à pied pour revenir dormir au camp était terrible, car après une journée de travail, nous étions épuisés !

On arrivait donc un peu plus tard, après avoir été rejoints par les déportés de Neckarelz dans la navette, et la matinée de travail commençait sur la mine d'Obrigheim. Constitution des équipes, distribution de barres à mine, de pioches et de pelles, sous les ordres toujours hystériques des surveillants.

À neuf heures, les travailleurs civils allemands recevaient un premier repas : un morceau de pain avec un bout de saucisse. Mais nous, les esclaves, nous devions attendre midi pour recevoir un litre de soupe, faite d'orties vertes, d'herbes, de n'importe quoi, de vieilles pommes de terre pourries, un liquide très fluide, et à chaque fois, il y avait la bousculade, le déporté désigné à la distribution de soupe favorisait ses compatriotes, les Polonais, surtout !

Parfois, il nous fallait attendre jusqu'à quatorze ou quinze heures, car le transport de nourriture avait du retard et les contremaîtres et chefs de chantier ne nous autorisaient pas de pause. Il fallait donc manger en travaillant, vous imaginez !

Je me souviens d'un kapo, il s'appelait Willy. Il m'a fait condamner à vingt-cinq coups de *schlague*, pour avoir osé parler : j'avais dénoncé les rations de nourriture plus favorables aux Polonais qu'à nous, les *Franzosen*, les Français. Alors vous savez, après cela, on n'avait plus qu'à la fermer !

*La soupe.*

*C'était un régime de terreur.*

Oui, et on voyait des hommes déjà très fatigués pour qui les jours étaient plus que comptés. Vous savez, quand la respiration se faisait par le ventre, c'était la fin !

*Pourquoi ?*

Parce que la respiration, ce sont les poumons, et nous qui avions l'œil, nous savions qu'un prisonnier qui commençait à avoir des difficultés à respirer, c'était le début de la fin pour lui ! Il faut dire aussi que le typhus faisait déjà des ravages !

L'après-midi, on reprenait le même travail jusqu'à six heures du soir. C'étaient des journées de douze, parfois quatorze heures de travail forcé, sans samedi ni dimanche, vous imaginez ! Quand on arrivait dans notre bloc, on s'effondrait de fatigue comme des bêtes de somme que nous étions devenues, jusqu'au lendemain quatre heures !

*Y a-t-il eu des accidents graves dans la mine, étiez-vous soignés si vous tombiez malades ?*

Il y a eu, en effet, des malades, surtout en raison des températures différentes entre l'intérieur de la mine, et l'extérieur. Le manque d'air frais, aussi, la poussière, l'humidité, et je vous rappelle que nous avions des habits sommaires, pas de vêtements de travail, des sabots de bois qui nous écorchaient les pieds parfois... Donc, on souffrait du froid, on transpirait puis on sortait dans l'air glacé. À cela s'ajoutaient la malnutrition, les mauvais traitements, la grande fatigue... L'épuisement par le travail tuait, lentement mais sûrement, beaucoup de prisonniers.

Il y eut aussi des accidents comme des écroulements de galeries, de parois, des chutes de pierres, des étouffements ou encore des décès à cause des machines, ou des blessures causées par des chargements et déchargements de wagonnets. Une fois, plusieurs dizaines de personnes ont péri dans un ensevelissement. Mais si on nous remettait sur pied à l'hôpital, c'était pour repartir au travail.

*Il y avait le camp de Neckarelz, à côté. Était-il aussi terrible que le vôtre ?*

Il était dans la même région que Neckargerach et dépendait de Natzweiler-Struthof, comme le nôtre.

D'ailleurs, le train qui nous déposait à la mine dont je vous parlais passait par Neckarelz et prenait des prisonniers qui étaient, comme nous, emmenés sur la mine pour y travailler. Je n'ai pas séjourné à Neckarelz, mais je sais que les conditions de vie y étaient sensiblement les mêmes ; cela dépendait des commandements, qui dépendaient des SS, et selon leur profil, les conditions de vie pouvaient être plus ou moins pénibles.

*Vous dites que la vie dans le camp était une éternelle humiliation ?*

Lors du passage d'un SS, il fallait s'immobiliser, ne pas le fixer, il fallait saluer et s'attendre à prendre des coups pour n'importe quoi, quand ils étaient de mauvaise humeur. Avec la schlague, ils nous tapaient, et nous n'avions pas la possibilité de répondre, de réagir, ni de nous plaindre, bien évidemment.

C'était une destruction morale, et physique, bien sûr ! C'étaient des bourreaux. Et ils avilissaient les autres. D'ailleurs, les kapos ne se maintenaient dans les hiérarchies que s'ils devenaient bourreaux à leur tour, s'ils avaient un tempérament suffisamment méchant pour le faire. Ils étaient sélectionnés minutieusement pour avoir cette attitude et vous faire travailler au maximum de vos capacités, parfois avec plus de cruauté que leurs « maîtres ». Ils étaient prêts à tout pour conserver leurs petits privilèges ! Il y avait les kapos, mais aussi les sous-kapos, et au-dessus les SS. Tout était bien calculé et organisé pour orchestrer cette terreur. Les coups pleuvaient tout le temps ! Partout dans le camp, sur la mine, à l'appel, pendant les marches. Tous nous frappaient. Si le rendement était insuffisant, on nous battait. Si on chapardait un peu de nourriture, on nous tabassait. Si on dérobait une couverture, on était fouettés…

*Le kapo.*

Un exemple : deux prisonniers furent abattus parce qu'ils avaient eu le malheur de se laver sur les rives du fleuve Neckar. Eh bien, la sentinelle qui avait tiré sur eux avait eu deux semaines de congés supplémentaires pour cela ! Et puis, ces comptages, recomptages, ces appels, c'était exaspérant. Ils craignaient toujours que les prisonniers ne s'échappent.

*Y a-t-il eu des évasions du camp de Neckargerach ?*

Oui, il y en a eu, mais les évadés ont tous été repris, et ils sont morts pendus ! Il y en a eu un qui s'était camouflé dans un tuyau et au comptage ils s'en sont rendu compte. Là, les recherches ont commencé et on l'a retrouvé le lendemain à l'entrée du camp, sur une plateforme avec une corde au col, les mains attachées et une inscription en allemand *« Ich bin wieder da »*, ce qui veut dire « Je suis de nouveau là » ! Voyez un peu le cynisme. Et il est resté là, nuit et jour, jusqu'au moment où il est tombé !

Tout était destiné à nous dissuader de faire quoi que ce soit !

Il y en a d'autres qui ont été repris et qui ont été pendus devant nous et, dans le camp, des scènes atroces. L'exécution a dû être recommencée plusieurs fois parce que la corde avait cassé ! Et cela, sous nos yeux, car il ne fallait jamais baisser ni fermer les yeux, sinon, un coup de bâton ! Ils nous obligeaient à voir leurs crimes pour que nous soyons terrorisés à notre tour !

*Vous avez essayé de vous évader ?*

Non, suite à ce que je viens de vous dire, et pour la bonne raison que pour réussir une évasion il aurait fallu avoir de la force, de la nourriture, des vêtements civils, des chaussures, et… de la chance ! Enfin, une carte ou un plan de la région afin de savoir où aller !

*Y avait-il une forme de résistance dans le camp ?*

Vous savez, face à la barbarie des nazis, difficile de s'opposer, mais notre esprit de résistance n'était quand même pas mort. Il fallait lutter pour notre propre survie face au système d'extermination par le travail qu'on nous faisait subir ! C'était difficile de résister, car pour résister, il faut être unis et solidaires, or je vous l'ai dit, c'était chacun pour sa peau. Les différentes nationalités et langues n'arrangeaient rien non plus !

On peut dire que résister, c'était aussi ne pas succomber à la mort, donc, quand on obéissait à un Allemand, on n'avait pas forcément envie de le faire, on n'était pas d'accord, mais il fallait continuer à vivre pour en sortir vainqueur ! Et cela aussi, c'était une résistance, sans pour autant « vendre sa peau », comme on disait. Dans le magnifique film de Claude Lanzmann, *Shoah*, Rudolf Vrba, déporté à Auschwitz, explique bien cela. Il dit : « La résistance dans le camp n'a pas pour but la révolte, mais la survie. » Et il explique qu'il a fait un choix alors incompréhensible pour les autres prisonniers du camp, celui de s'évader. Pas pour lui, mais pour survivre et raconter ce qui se passait, alerter en haut lieu, et « transmettre la vérité » pour apporter à ceux du camp de l'aide de l'extérieur. Voici une attitude de résistance qu'on pourrait critiquer, mais il a eu raison, car non seulement il a réussi son évasion, mais en plus il a pu témoigner des camps aujourd'hui dans ce film pour les générations à venir et l'humanité tout entière.

*Vous avez réussi à tenir le coup, mais avez-vous eu des problèmes de santé…*

En octobre, je suis tombé malade du typhus exanthématique. C'est une maladie grave, avec des fièvres sévères. On est dans un état de stupeur et de délires. Pendant trois semaines, j'avais des poussées de température jusqu'à quarante, et aucun médicament pour être soigné correctement. Je suis resté vingt-trois jours dans un semi-coma. En tout, deux mois d'enfer, entre la vie et la mort, incapable de marcher et, bien sûr, de travailler sur la mine. Il y avait des formes à complications sérieuses et la mortalité était importante. Avec les antibiotiques, cela aurait disparu en quelques jours, mais inutile de vous dire qu'il n'y en avait pas, ou pas pour nous, les « sous-hommes » ! Il n'y avait ni remède ni pommade. Les pansements, par exemple, étaient donnés au compte-gouttes, et nous n'avions pas de désinfectant médical. Pourtant, la ville n'était pas loin et on aurait pu avoir des médicaments dans les pharmacies, mais nous n'en avons jamais reçu.

*Il y avait donc des bâtiments pour soigner les malades ?*

Pour les moins détériorés d'entre nous qui pouvaient encore produire. En fait, ces baraques ont été construites après une épidémie de typhus et de dysenterie. Deux maladies qui provenaient des souillures des eaux dites potables, par les latrines qui étaient placées à proximité. Donc on nous « stockait » en quarantaine dans ces baraquements-là.

*Il y avait d'autres maladies ?*

La tuberculose, des abcès, des œdèmes à cause des carences alimentaires… Lorsqu'on a le typhus, on n'a pas envie de manger, on n'a envie de rien. Je pesais quarante kilos pour un mètre quatre-vingt-deux, vous imaginez ! Il fallait être solide pour résister, mais le mental était aussi très important. Vous savez, mon frère et moi, nous étions célibataires, et nous n'avions pas à nous soucier, à part nos parents, d'une famille, femme ou enfants, comme certains détenus. Par contre, d'autres craquaient en se disant : « J'ai tout perdu, ma femme, mes enfants, alors à quoi bon vivre… » et ils se laissaient mourir ! Nous ne pensions pas à cela, mais nous étions jeunes et pleins d'espoir dans la vie. Je me suis donc retrouvé en convalescence, homme de corvée dans les baraquements pendant trois semaines environ, puis comme aide-soignant et aide de chambre avec les malades du typhus, tuberculeux et AKS (*Arbeit Kommando*). J'ai vu la détresse humaine et j'ai pu aider et soutenir des gens qui se sentaient désespérés, en accompagner d'autres jusqu'à la mort.

*L'infirmerie.*

Parfois, en guise de médicament, certains, au risque de graves punitions, dérobaient du charbon de bois sur les chantiers. Ils nous l'échangeaient contre autre chose, car le charbon de bois pouvait aider à lutter contre la dysenterie. Au moins, cela soulageait un peu. On l'écrasait très fin, mais ce n'était qu'un palliatif, et puis on l'administrait aux prisonniers sévèrement malades, mais il fallait savoir que c'était bénéfique, et certains l'ignoraient.

J'ai ainsi secondé un militaire, le capitaine russe Danioushka, qui était la droiture même, et qui, lui, devait rendre compte aux Allemands. Une sorte de responsable du sanatorium.

*Pourquoi la droiture même ?*

Eh bien, parfois, il y a des humains comme cela. Avec qui la confiance est totale. Il n'y avait pas de trahison en Danioushka. Vous pouviez laisser votre ration sur la table, jamais elle n'aurait été volée. Avec lui, jamais de disputes ou de haine. Malgré la barbarie que nous vivions dans cet enfer, il était intègre. Il avait conservé son humanité. Une forme de rigueur morale qui lui dictait de ne pas perdre son âme, en somme !

Parfois, oui, Danioushka mentait pour nous aider, au risque d'être puni lui-même. Sur le nombre de morts de la nuit. Parce que les Allemands ne venaient pas trop à l'infirmerie, par peur d'être contaminés. Ils restaient même un peu à l'écart, alors, quand on nous distribuait la ration alimentaire chaque matin, ce capitaine s'arrangeait pour mentir sur le nombre de décès, et pour que nous récupérions celle des pauvres malheureux disparus. Cette nourriture, on la partageait entre nous tous, malades. Puis, le lendemain, le capitaine russe déclarait les décès et on faisait évacuer les corps qui disparaissaient dans la fosse commune. L'infirmerie était aussi une façon de protéger d'autres prisonniers, en déclarant que certains étaient très malades et ne pouvaient rejoindre les équipes de travail. Le système D, quoi !

Non, vous savez, à l'évacuation, dans la confusion générale, on a éclaté… tout le monde est parti de son côté.

Et puis moi, une fois remis en état, ils m'ont remis sur la mine !

Parce que vous voyez, quel que soit le prisonnier, il ne fallait pas qu'on échappe à cette punition par le travail, et dès que vous étiez estimé rétabli par les kapos ou les Allemands, il fallait que vous soyez rentable !

Donc, je me suis retrouvé sur la mine d'Obrigheim au niveau zéro et, un peu après, au sous-sol, pour faire encore des aménagements et des terrassements, jusqu'à la fin.

*Comment s'est passée l'évacuation du camp à la libération ?*

Cela a été la confusion totale. C'était autour de la mi-mars 1945, les Américains étaient à dix kilomètres, même pas, et donc les Allemands voulaient que nous partions très vite, car ils ne voulaient pas laisser de témoins ! Comme ces sinistres « marches de la mort » lors de l'évacuation du camp d'Auschwitz. Ceux qui ne marchaient pas assez vite, ceux qui traînaient, ceux qui retardaient les autres étaient abattus d'une balle dans la nuque ou d'un coup de pistolet ! Nous avons d'ailleurs appris plus tard qu'un convoi de soixante-quinze femmes polonaises juives, qui étaient arrivées quelques jours plus tôt, et qui étaient parquées à même le sol dans une enceinte jouxtant notre camp, fut évacué à la hâte, on ne sait pas ce qu'elles sont devenues, mais certains disent qu'elles furent retrouvées exécutées d'une balle dans la nuque, dans une clairière !

C'était le matin, on nous a rassemblés, malades légers ou pas, et il fallait partir. Je veux dire les valides, ceux qui pouvaient encore marcher et qui étaient légèrement malades. Les alités et les mourants, eux, ils ont été abandonnés au camp à leur triste sort, sans soins ni assistance ! Partir pour où ? On ne le savait pas, mais les Allemands ne donnaient jamais de détails !

On allait donc rejoindre la voie de chemin de fer pour monter dans un train de marchandises sans toit, en plein air, en plein froid, et on a alors appris qu'on nous renvoyait à Dachau ! Retour vers l'horreur ! Les officiers SS nous avaient précédés en emportant toute la nourriture, et les simples soldats allemands avaient reçu des ordres. Ils nous encadraient jusqu'au convoi.

Il pleuvait très fort, c'était la panique ! On nous a fait transporter quelques matelas éventrés qui ressemblaient à des paillasses, vers la gare.

À ce moment-là, dans la cohue, mon frère et moi avons pensé à nous évader, mais il y avait tellement de malheureux partout qui se traînaient, qui gémissaient, des prisonniers fiévreux atteints de typhus, des tuberculeux… Bref, on a été sauvés grâce à un jeune Juif polonais qui était là, sur le sol, à moitié mort. Il nous connaissait du camp, et nous a appelés parce qu'il ne voulait pas être abandonné et mourir comme une bête. Nous l'avons récupéré et transporté jusqu'au convoi. Une fois lui installé, nous nous sommes retrouvés dans le train à notre corps défendant, notre plan de fuite avait encore échoué ! Mais cet homme, voyez-vous, a tenté, vingt ans plus tard, de nous retrouver. Par les amicales d'anciens déportés, il a retrouvé ma trace en Calédonie, car il se souvenait des « jumeaux » du camp. Et il savait que nous l'avions sauvé. Cet ancien déporté était installé à Melbourne, en Australie. Mais il était malade. Il avait tenté de reprendre contact avec moi, mais j'étais parti en France à ce moment-là. À mon retour, j'ai voulu le joindre, mais j'appris par sa famille qu'il était décédé entre-temps. C'est triste.

Donc, revenons à cette journée d'évacuation. La voie ferrée était en piteux état. Des bombardements avaient tordu certains rails, mais les nôtres semblaient en état. On a encore attendu, cela paraissait interminable. Finalement, nous sommes restés là toute la nuit, dans ces wagons à ciel ouvert, et ce n'est que le lendemain matin que le train est parti ! On est passé par Neckarelz pour charger des hommes. Puis, plus loin, à un moment donné, nous nous sommes arrêtés dans un tunnel où le convoi s'est caché, à la fois des raids aériens américains et des combats au canon qui faisaient rage du côté allemand. D'un côté, les Allemands qui fuyaient et de l'autre, les Américains de Patton qui progressaient. Nous, nous étions au milieu ! On s'est dit : « À un moment ou à un autre, nous allons recevoir un obus nazi, ou un mitraillage allié ! »

Nous étions en quelque sorte des otages, et ceux qui, comme nous, voulaient se faire « la belle », s'évader et rejoindre le côté américain, avaient la crainte de se faire canarder par des soldats allemands cachés dans le paysage ou les arbres… Bref, la peur nous empêchait de bouger !

*Vous étiez pris entre l'espoir de la liberté, et la crainte de mourir comme ça, au dernier moment.*

Oui, mais nous étions complètement exténués et nous ne pensions à rien ! Nous subissions notre sort. On voulait seulement que tout ça s'arrête le plus vite possible.

Finalement, le convoi est reparti le lendemain, et quelques heures après, nous sommes arrivés à

Osterburken. Une petite bourgade de Bade-Wurtemberg, à environ trente kilomètres de Mosbach. Le train a dépassé la gare principale et il a stoppé dix kilomètres plus loin en rase campagne. Nous sommes restés perdus là, au milieu de nulle part, pendant quatre jours !…

*Les Allemands qui vous gardaient avaient pris la poudre d'escampette ?*

Ils avaient déguerpi, conscients de leur défaite annoncée. Mais nous ne le savions pas. Dans le désordre et la peur, et ce conditionnement qui nous avait asservis depuis tant de temps, on ne réalisait pas. Ce n'est que petit à petit que nous en avons pris conscience. Il a fallu se nourrir de ce que nous trouvions dans les champs, une quinzaine de morts avaient déjà été comptés depuis le départ du camp. Entre le transport et le manque de soins, certains n'ont pas tenu et sont décédés.

Finalement, les combats ayant pris fin, on entendait de moins en moins tirer au canon, et plus d'échanges de tirs de fusils mitrailleurs. Les Américains avaient réussi à déborder les Allemands par le côté et les « *boys* » du général Patton ont pris le dessus. Vers le quatrième jour, on a vu arriver les « Ricains », avec des voitures Jeep, des motos, des chars. On était libérés !

*Comment l'avez-vous vécue, cette libération ?*

Vous ne pouvez pas vous imaginer ! Après ce cauchemar et cette horreur. Les Américains se sont immédiatement occupés de nous. Une petite équipe de soignants est restée et les soldats ont continué leur avancée pour faire la chasse aux Allemands. Pour eux, la guerre n'était pas finie. Il fallait rejoindre Berlin et contrer les Russes, mais ça, c'est une autre histoire ! Nous avons été transportés de ce train jusque dans le village d'Osterburken, sur des brancards. On nous a mis dans les hôtels réquisitionnés, dans l'école, des salles de la mairie, chez des particuliers, pour être pris en charge correctement. Les Américains ont évacué les cas les plus graves vers de grandes villes, dans des hôpitaux et des unités de soins spéciaux. Nous étions environ une soixantaine de libérés dans le village.

*Les Américains ont été surpris de vous voir dans cet état ?*

Nous étions les premiers prisonniers rescapés des camps qu'ils voyaient. Notre état de décharnement et nos allures de squelettes vivants les ont stupéfaits.

*Ensuite, vous êtes revenus à la vie ?*

Oui, question nourriture, on nous a distribué des rations quotidiennes, du pain, du chocolat, de la margarine, de la confiture, des conserves, du tabac, et de vrais repas chauds. On était repus de tant de victuailles après les privations ! On ne mangeait pas : on dévorait. On nous le déconseillait, d'ailleurs, certains en sont morts ! Car le corps avait tellement manqué de tout que nous étions hyper-anémiés. Vous nous auriez vus au moment où on nous a libérés et une semaine après : nous étions méconnaissables ! Tout boursouflés et bouffis d'eau ! Et puis, question civilité, nous étions des bêtes, nous avions perdu notre bienséance, nous n'avions presque plus d'humanité, normal. Petit à petit, nous avons repris des forces. Les habitants du village nous ont donné du linge, des vêtements, des habits, des chaussures, et nous étions accoutrés pour ne pas avoir froid.

*Pour la photo, nous avons posé avec nos vêtements de déportés par-dessus les tenues civiles. En entouré, Edmond Chartier.*

Nous sommes restés environ trois semaines dans le village, à dormir, manger, récupérer, puis on a commencé à réaliser notre condition et, petit à petit, l'appel du retour à la maison, dans nos foyers, s'est fait entendre en chacun de nous. Il fallait quitter cet endroit où nous avions subi tant de maltraitances.

*Vous avez décidé de rentrer chez vous ?*

Eh bien, comme les autorités américaines étaient occupées à continuer à faire la guerre et ne prenaient pas vraiment de décision de rapatriement pour nous, des officiers français sont venus. Ils ont examiné la situation, et nous ont dit en substance : « Ne vous inquiétez pas, les gars, on va s'occuper de vous. » Mais eux non plus ne prenaient pas de décision. Il faut dire, à leur décharge, que l'on nageait à ce moment-là en pleine désorganisation. C'était un immense bordel, si vous me passez l'expression ! Bref, nous nous sentions remis en forme. Les gens du village étaient très hospitaliers, mais on commençait à perdre patience. Alors, quelques-uns d'entre nous se sont réunis au bout de quelques semaines, et nous avons décidé de rentrer à la maison. Par nos propres moyens ! On a cherché dans le village des moyens de locomotion, et on a réquisitionné de quoi partir ! On a trouvé, cachés sous des bâches, dans des garages ou des granges, quelques vieux véhicules. On nous a donné des bons d'essence, et grâce à un laissez-passer obtenu par un des nôtres, on a décidé de rentrer en France. On est donc partis pour Paris, c'était autour de la mi-avril 1945, et nous étions une vingtaine !

*Quelle aventure !*

Oui, en effet, et quelle joie ! On a traversé le Rhin, sur le pont provisoire de Spire, et on s'est arrêtés à Strasbourg. Enfin, la France ! Notre patrie d'anciens combattants et de résistants, pour laquelle nous avons lutté, nous nous sommes battus, et pour laquelle nous avons souffert toutes ces atrocités ! Nous avons pleuré de joie ! On a été accueillis dans une garnison française — un centre d'hébergement, en quelque sorte — qui avait pour mission de réguler les va-et-vient de la région. On a été reçus de manière admirable. Ça a été très émouvant. Nous avons retrouvé d'autres prisonniers des camps, comme nous, qui rentraient aussi chez eux. C'est là que nous avons chanté la Marseillaise pour la première fois de notre fin de captivité. Depuis tant de temps, je peux vous dire que les larmes sont montées aux yeux de tout le monde. Quelle traversée, depuis l'arrestation, la déportation, le convoi de la mort, Dachau, puis le bagne de la mine et le camp de Neckargerach !

*Et ensuite ?*

On a vite compris que dans sa volonté de réorganisation, l'administration française était complètement submergée par la paperasse, et nous avons appris qu'il y avait des gens qui attendaient, dans ce centre d'hébergement, leur tour pour rentrer chez eux depuis plusieurs jours, bref, nous avions compris que nous allions être bloqués à attendre et encore attendre ! En quittant Strasbourg, on s'est divisés en deux groupes. Certains, comme mon ami René Meffre qui a fait les dessins que vous voyez et qui est décédé aujourd'hui, sont partis avec d'autres vers le sud de la France… Et moi avec quelques-uns et mon frère jumeau, en direction de l'ouest de la France. On s'est donc quittés là, les larmes aux yeux, les sanglots dans la voix, avec la promesse de se revoir, et puis nous sommes partis vers Paris. Une fois arrivés dans la capitale, nous avons laissé nos véhicules. Puis, nous avons rejoint plusieurs lieux.

D'abord l'hôtel *Lutetia*, boulevard Raspail, à Paris. On a été reçus par un service d'officiers qui a contrôlé nos identités et enregistré nos noms et nos coordonnées. D'où nous venions, où nous allions, puis on a été dirigés vers la place de la République, dans une caserne, où on nous a dotés d'autres vêtements civils, puis nous avons eu droit à un bon de transport pour rentrer en train chez nous, et un faible pécule de cinq cents francs de l'époque par personne, pour acheter du pain, un journal, passer un coup de téléphone, prendre un café, mais nous avons tout mis en commun, et l'avons dépensé presque aussitôt, avec une dizaine de camarades, dans un apéritif collectif aux Champs-Élysées avec moult pleurs et rires !

Vous savez, on était très marqués par ces années d'horreurs. La moindre émotion nous chavirait. On peut difficilement faire partager de tels souvenirs, être entendu, et surtout compris.

*Ensuite, vous vous êtes préparés à revoir votre famille et à revenir au Mans ?*

À ce sujet, j'ai un souvenir. L'État français avait rétabli les messages personnels à la radio nationale, comme les communiqués. On diffusait des informations pratiques, par exemple telle ville qui avait besoin de ceci ou de cela, ou le nom de prisonniers libérés de tel et tel endroit, si bien que mes parents ont su par des voisins que nous étions rescapés du camp ! Alors, à l'arrivée du train au Mans, fin mai 1945, ce fut un moment de folie ! Sur le quai de la gare, nous étions une centaine, les autorités, les drapeaux, d'autant que nous étions parmi les premiers revenus au pays. Beaucoup de gens étaient venus par sympathie ou curiosité. On nous demandait des renseignements sur des proches, détenus en Allemagne.

*Quelle a dû être l'émotion de vos parents ! La redécouverte de votre ville, des lieux, des connaissances !*

À la maison, chez nous, nous avons retrouvé ce sentiment familial de sécurité et d'amour qui nous unissait. Nous avions tellement de choses à nous dire !

Nous avons retrouvé nos affaires, les lieux familiers que nous avions oubliés. Le premier geste de ma mère, quelques jours plus tard, fut de brûler notre tenue de camp qui grouillait de vermine et de poux. Je le regrette aujourd'hui, car j'aurais aimé la conserver, mais sur le moment j'ai vécu cet acte comme une délivrance. Oublier cette horreur et cet enfer que nous avions vécu !

À notre grand étonnement, nous avons trouvé dans des armoires de la brasserie un stock impressionnant de cartouches de cigarettes made in USA ! Cela venait des Américains. Ils les donnaient par cartouches entières à mes parents pour, disaient-ils, « les enfants emprisonnés ». Avec leur accent, m'a-t-on raconté, ils disaient : « C'est pour les *boys !* » Ils étaient fiers, quelque part, de notre lutte contre les Allemands. Et puis, petit à petit, il a fallu aussi reprendre contact avec nos amis, et réapprendre à vivre. À cette époque, ce n'était pas encore l'abondance de tout, il y avait encore des restrictions. On ne sort pas d'une guerre d'un trait de plume. Il faut que tout se réorganise, et cela prend du temps.

*Cette épreuve que vous avez subie, ce calvaire a été une épreuve de vie, aussi ?*

Oui, mais avec mon frère, nous ne voulions pas ressasser cela continuellement, comme certains déportés qui ne faisaient qu'en parler... C'était très mauvais pour eux. Comme ceux de la guerre 1914-1918 qui avaient été traumatisés.

*Cela explique-t-il que votre frère ne veuille plus parler de cela ?*

Sans doute. Lui, il a décidé de tout oublier. Il n'en parle jamais ! Il a vidé son esprit de ce drame. Comme beaucoup d'autres détenus. Il y en a qui ont décidé de tout oublier, parce que c'est trop douloureux, tout simplement ! Mais vous savez, cette épreuve, comme vous dites, m'a appris énormément de choses. Cela m'a appris à respecter mon environnement humain. Les gens que je côtoie. Et même à travers mon travail, plus tard, en Calédonie, j'ai toujours donné à mes relations professionnelles un esprit humain, de solidarité et d'humanité. Je ne dirais pas qu'il faut passer par un camp de concentration pour en arriver là, mais je le constate tous les jours, ces épreuves m'ont forgé une éthique de vie.

*Vous avez vécu ce que l'on nomme la résilience ? Une renaissance après la souffrance ?*

Absolument. Ceux qui ont vécu une grande douleur et qui en sont sortis vous le diront, on est à jamais comme marqué et on ne peut pas oublier. Nous avons réussi à transcender, en quelque sorte. Mes camarades des camps et moi-même, nous avons surmonté les drames les plus sordides, nous en sommes sortis consolidés, plus forts, vous comprenez. Cela ne veut pas dire supérieurs, mais nous sommes devenus capables de voir et d'aimer la vie autrement. Tout en faisant face au quotidien, comme retrouver un travail, fonder une famille et continuer à vivre, mais en ayant vécu cette épreuve extrême.

*Cette épreuve a-t-elle été suivie d'une renaissance, pour vous ?*

Au camp, c'était dur, chacun luttait pour sa peau, chaque jour, on pouvait mourir, on vivait un sursis à chaque instant, et le fait d'en sortir, ça a été, en effet, comme une renaissance à nous-mêmes. Il fallait revivre dans la vie normale, avec les tracas de la vie normale, et les accepter avec le poids des souvenirs de cette terrible barbarie.

*Comme un retour d'entre les morts ?*

Oui, mais il ne fallait pas sombrer dans la mélancolie comme certains, en se disant : « J'ai souffert plus que n'importe qui et maintenant, j'ai droit à davantage qu'un autre et donc je me laisse aller… » Mon ami le garagiste Paul Bouttier, dont je vous avais déjà parlé, et qui avait été emprisonné avec moi aux Archives. Lui, il est revenu chez lui, dans sa famille, pour reprendre son affaire de garagiste, et qu'a-t-il trouvé dans son lit ? Un Allemand qui vivait avec sa femme, qui avait pris possession de sa maison et de son affaire !

*Comment a-t-il fait, lui, pour reprendre goût à la vie ?*

Il est parti à la dérive ! Il a été anéanti, et j'ai essayé de l'aider, mais il ne voulait plus rien savoir ni entendre. Il était devenu sauvage, agressif, c'était fini ! Il a sombré dans l'alcool. Paix à son âme.

*Aujourd'hui, vous continuez à vivre, mais pardonnez-vous à vos bourreaux ?*

Il y a eu un mouvement de pardon et je pense qu'il faut pardonner sans oublier ce qui s'est passé et sans minimiser les fautes de ceux qui les ont commises, comme les bourreaux des camps. Ceux-là ont été punis et ont payé à la libération, de leur vie, en étant exécutés ou emprisonnés. D'autres ont fui, mais, vous savez, ils ne sont pas en paix avec eux-mêmes, et puis des organisations s'occupent de les traquer dans le monde ! Après, oui, il faut pardonner, car sinon on reste dans la haine et c'est mauvais. Il faut pardonner pour le futur et pour ouvrir de nouveaux espaces de liberté. Regardez l'esclavage, sa reconnaissance comme crime contre l'humanité est une forme de pardon social qui jette de nouvelles bases, et qui empêche que cela recommence, en quelque sorte. Tous les génocides doivent être condamnés et il faut que la justice sociale agisse, mais le pardon individuel, oui, il faut le pratiquer aussi.

*Êtes-vous retournés sur les lieux de cette captivité ?*

Non, nous n'avons jamais voulu retourner ni à Dachau ni à Neckargerach, et ceci, malgré les nombreux voyages organisés par les fédérations de déportés. C'est trop douloureux ! Et comme je vous le disais, il ne faut ni nier les faits ni se vautrer dans sa blessure.

*Y a-t-il eu un procès des responsables du camp où vous avez été détenus ?*

Oui, il y a eu plusieurs procès de responsables des camps de Neckargerach et Neckarelz, le 6 octobre 1965, à Stuttgart, soit vingt ans après ma libération, à la cour d'assises d'Elchingen où j'ai été convoqué en tant que témoin à charge avec mon camarade Meffre avant qu'il ne décède, et d'autres rescapés du camp. Mon voyage depuis Nouméa m'a été offert, aller et retour. Le capitaine de réserves SS Franz Hofmann, et le chef de police Wilhelm Streit y ont été entendus. Je n'ai pas eu connaissance tout de suite des peines infligées, étant de retour à Nouméa pour reprendre mes activités. Mais la procédure a été longue. J'ai fait mes dépositions au tribunal et j'ai appris qu'ils ont été condamnés sévèrement, car il a été largement prouvé qu'ils avaient été responsables de la mort de nombreux prisonniers. Les sociétés qui furent à l'initiative de l'opération Goldfish furent entendues aussi. On leur a demandé des comptes sur le travail des prisonniers et les mauvais traitements infligés. Mais les instigateurs ont, semble-t-il, très bien réussi à dissimuler leur responsabilité !

*Baraquement de Neckargerach et triangle des déportés politiques.*

*A-t-on voulu vous indemniser pour ce que vous aviez subi ? Une réparation, en quelque sorte ?*

Oui, mais j'ai refusé. C'était environ un million de francs pacifiques soit dix mille euros. Vous savez, on n'achète pas la douleur et la peine. Les Allemands voulaient se racheter de leurs fautes et j'ai repoussé cela, à tort du reste, car cet argent m'aurait aidé à soulager des camarades en difficulté.

*Comment votre entourage ressent-il votre histoire de déporté dans les camps ?*

La grosse difficulté, c'est que beaucoup d'anciens déportés et des rescapés des camps n'osaient pas raconter, par crainte de ne pas être crus ! Il fallait donc en parler entre déportés et là, il n'y avait pas de doutes, car nous avions tous vécu cette barbarie ! Même vous, qui êtes en train de m'écouter, M. Rosada, je suis certain que vous avez du mal à vous faire une idée de l'ensemble du cauchemar, et à comprendre autant d'atrocité ! Et cela, on l'a senti dès notre retour en France, avec la tiédeur de la réaction des gens. Les gens n'y croyaient pas, lorsque nous évoquions de telles horreurs. Il a fallu que les actualités télévisées s'en emparent et montrent des images pour que les gens commencent à le croire. Encore aujourd'hui, ces images sont insoutenables et incroyables, quand on voit ces corps décharnés, ces crimes de masse, ces monceaux de cadavres.

Après sont venus les négationnistes qui, eux, font encore tout pour minimiser cet épisode atroce et pourtant vrai de l'histoire de l'humanité ! Mais je pense que ceux qui étaient gênés de nous entendre, c'était aussi parce qu'ils se sentaient un peu coupables de ne pas avoir assez agi personnellement dans cette guerre.

*Vos enfants craignaient-ils de vous en parler ?*

Ça a toujours été difficile, je n'ai jamais voulu leur en parler, j'ai toujours attendu qu'ils me le demandent. D'abord par pudeur, et par crainte qu'ils ne comprennent pas, et puis afin qu'ils ne craignent pas eux-mêmes de réveiller en moi ce grand traumatisme que j'ai vécu. Je ne leur en veux pas de leur silence. C'est une forme de respect de leur part, en quelque sorte, pas de désintérêt, mais un souci de ne pas me faire revivre ce triste épisode de ma vie.

*Vis-à-vis des jeunes générations, votre histoire devrait-elle imposer une réflexion ?*

Je pense qu'il faut qu'ils s'en inspirent. De la mienne et de celles d'autres déportés. Les jeunes me disent, au cours des exposés que je fais dans les écoles : « Vous nous avez appris à être meilleurs !… » C'est vraiment magnifique si j'ai pu faire cela avec mon récit de vie. Et si je témoigne ainsi, c'est parce que j'espère que mon histoire peut aider d'autres personnes à vivre. Il y a des tas de gens qui ont beaucoup souffert, mais qui n'en parlent pas, par pudeur ou timidité. Il faut aussi trouver la personne qui saura vous écouter, et c'est difficile. Mais il faut quelquefois briser le silence et dire aux autres ce qu'eux-mêmes ne soupçonnent pas.

*Dessin d'un collégien.*

ça peut ne pas paraître important mais j'avoue qu'avant que vous veniez, je ne pensais pas que le sujet pouvait m'intéresser, et le fait que vous nous avez parlé vraiment plutôt que de nous avoir lu quelque chose de trop préparé à joué sur l'attention que j'ai pu porté à votre intervention.

Merci beaucoup, desolé de vous faire vous rémémorer ces souvenirs, mais je pense que il est necessaire d'en faire profiter ceux que ça interresse.

merci beaucoup

Thomas

*Lettre d'un enfant d'un collège de Nouméa.*

*Aujourd'hui, les nazis n'existent plus, comme mouvement légal et autorisé, mais l'esprit néonazi, la barbarie, existent-ils encore selon vous, sous d'autres formes ?*

Je pense que, dans les pays d'Afrique, il y a des dictateurs, pas aussi organisés et pas aussi planificateurs que dans la Shoah, mais il y a des dirigeants génocidaires qui tuent et déciment des ethnies au nom d'une supériorité ethnique ou de tel clan sur tel autre clan, oui, cela existe encore !

En Europe aussi, on a vu des « petits Hitler » émerger dans l'ex-Yougoslavie par exemple et là aussi avec des idéologies barbares et totalitaires au nom de la pureté ethnique. L'esprit nazi, si c'est cela, oui, il existe encore malheureusement de nos jours. Sans oublier le terrorisme intégriste, d'où qu'il vienne, et qui est le mal de ce XXI<sup>e</sup> siècle. Et puis, il y a les groupuscules néonazis qui existent encore, on le sait, on le voit dans les informations, et les mouvements comme les hooligans, qui véhiculent aussi des idées extrémistes. Il faut se méfier des discours qui divisent et qui attisent la haine entre les hommes. C'est souvent là que germe la barbarie totalitaire.

*Après cette épreuve, votre vie a donc repris son cours...*

Oui, j'ai suivi, plus que mon frère jumeau, des soins pour la santé de mes poumons. Et j'ai été placé dans un sanatorium à quinze kilomètres du Mans, géré par un club de service, « La Table ronde », et j'avais une hygiène de vie, des soins appropriés à mon état, suite au typhus, une maladie grave qui met en péril l'état physiologique général.

C'est là, dans ce lieu, que j'ai eu l'occasion de sortir, et lors d'une soirée dansante, tout simplement, j'ai rencontré ma future femme, Monette, avec qui je partage ma vie encore aujourd'hui à 85 ans. Et voilà, c'est l'histoire de la vie en quelque sorte. Nous nous sommes attirés, aimés et puis nous nous sommes unis. Nous avons rejoint ma mère à Asnières, qui s'était séparée de mon père, conséquence de la guerre, en somme, et nous sommes restés là avec ma femme pendant deux ans, et puis il fallait que je vole de mes propres ailes. J'ai trouvé un emploi dans une société de peinture comme aide-comptable, puis l'entreprise a fermé. Alors, je suis entré dans une société de filatures « Veil & Cie » à Dunkerque, au service commercial, avant de démissionner au bout de neuf ans, car je n'évoluais plus en grade !

*Comment êtes-vous arrivé en Calédonie ?*

J'ai postulé tout simplement auprès de la Société Le Nickel, en même temps qu'auprès d'une autre société, et j'ai été sélectionné parmi deux cents candidats après avoir subi des examens et des entretiens. C'était une sélection difficile. J'ai été convoqué et recruté, et je suis resté cinq ans à la direction des services d'approvisionnement de la SLN à Paris. Une sorte d'adjoint assez polyvalent. Puis il y a eu ce poste en Calédonie qui s'est créé et ma femme m'a poussé à postuler ; on m'a sélectionné et envoyé ici, en Calédonie, en 1963 et je n'ai jamais quitté ce pays que j'aime et qui m'a adopté. J'ai mis en place les économats du Nickel sur mine et à Nouméa. Un jour, la direction du Nickel à Nouméa m'a convoqué, et c'est là que l'on m'a annoncé que j'avais été décoré de la Légion d'honneur en tant qu'ancien résistant et déporté dans les camps. Ici, tout le monde a été surpris, car je n'avais rien dit, et j'ai donc eu droit à une petite cérémonie en bonne et due forme. Depuis, je poursuis mon travail de mémoire auprès du vice-rectorat de Nouvelle-Calédonie dans les lycées et les collèges, pour les classes de terminale sur les thèmes : « résistance et déportation, honneur et patrie ». Au moment des cérémonies avec les anciens combattants, la presse locale me fait les honneurs. Et si je suis heureux, c'est surtout pour ce que je peux transmettre aux autres.

Ce témoignage d'Edmond Chartier est un don aux générations futures. Un don de la part d'un ancien combattant, résistant et déporté. Cet homme ne fut pas plus ou moins héroïque que certains autres. Il a existé comme il a pu, et pour lui, le sens de l'existence fut de lutter contre l'occupation de son pays. Pour lui et d'autres comme lui, il suffisait de vouloir faire le bien, d'observer quelques règles élémentaires et fondamentales pour se sentir digne face à ceux qui nous aiment ou nous regardent.

Être grand ne signifie pas faire des choses titanesques, il suffit parfois de quelques actions simples pour peser sur sa destinée et celle d'autres humains. Ainsi, chaque humain, à son niveau, peut contribuer à faire avancer les grandes causes.

Comme la multitude des vagues de la mer, une fois unies, forme les océans, les actions individuelles de ces résistants ont créé la Résistance, un mouvement universel et intemporel qui, lorsqu'il se forme et se lève, vient à bout des forces du mal parce que « ne pas accepter le combat, c'est admettre la défaite ».

*Médaille et Décoration d'Edmond Chartier.*

BIBLIOGRAPHIE

BERNADAC Christian, *Le Train de la mort*;
France-Empire, 1970.

LEVI Primo, *Si c'est un homme*;
Coll. « Docs/récits/essais », Pocket, Paris, 1988.

LANZMANN Claude, *Shoah*; film, 1985.

KOGON Eugen, *L'État SS*;
Coll. « Histoire », Points, Paris, 1993.

VITTORI Jean-Pierre, *Eux, les S.T.O.*;
Ramsay, Paris, 2007.

FARELLE Roger, *Je suis un rescapé des Bagnes du Neckar*; Volets Verts, 2000.

MICKAEL Schmid,
*Goldfish, Société à responsabilité limitée.*


MEFFRE René, *Carnet de dessins.*

Élèves du collège de Magenta, *Lettres et réactions.*

Ce livre est l'occasion de remercier mon épouse Simone et sa famille. Ils ont été un précieux soutien durant la période de reconstruction physique et morale qui a suivi mon retour des camps.

Je ne veux pas oublier mes enfants. Ils ont toujours essayé de me dissuader de m'engager dans cette démarche pour me préserver de moi-même, sans pour autant me dissuader par la suite de maintenir mon action, afin de transmettre mon témoignage aux jeunes. À Nouméa, j'ai toujours trouvé auprès des anciens combattants — mes amis — le soutien et le respect liés à ma condition et face à mon message concernant la déportation. Je pense notamment à ceux qui, Calédoniens de souche ou d'adoption, furent des déportés résistants, Jacques Barraud, Sylvain Gargon, monseigneur Martin, Louis Courtaud, Pierre Mauger, Hubert Colle, et bien d'autres que j'oublie peut-être, mais qui restent à jamais immortels pour l'Histoire.

Enfin, un grand merci à Monsieur le Maire Jean Lèques qui, « gardien de la médaille de la Résistance décernée au territoire de la Nouvelle-Calédonie », m'a toujours réservé un accueil et un soutien sans réserve.

Ce livre n'a pu être réalisé que grâce à la persévérance, la compétence et la complète adhésion d'Alexandre Rosada qui, au fil de cette rédaction à la recherche du passé ô combien tragique, est devenu un ami.

Une dernière pensée à mon frère jumeau Lucien, qui a vécu notre épisode si douloureux. Toute mon affection, ainsi qu'à ses enfants.

# Le Conseil national de la Résistance

Le CNR se réunit pour la première fois le 27 mai 1943, clandestinement, dans un appartement parisien, sous la présidence de Jean Moulin, représentant, en France occupée, du général de Gaulle (installé à Londres puis à Alger comme chef de la France libre). Jean Moulin a été arrêté par les nazis en juin de la même année. Lui ont succédé Georges Bidault, démocrate-chrétien, puis, à la libération, le 15 septembre 1944, Louis Saillant, CGT.

Le CNR regroupait huit mouvements de Résistance intérieure : « Combat », « Libération zone nord », « Libération (Sud) », « Francs-tireurs partisans (FTP) », « Front national » (rien à voir avec le Front national actuel), « Organisation civile et militaire » (OCM), « Ceux de la Résistance » (CDLR), « Ceux de la Libération » (CDLL), les deux grandes confédérations syndicales de l'époque : CGT (réunifiée) et CFTC, six représentants des principaux partis politiques reconnaissant la France libre, dont le parti communiste, le parti socialiste, les radicaux, la droite républicaine et les démocrates-chrétiens.

Le CNR a défini son programme prévisionnel pour la libération le 15 mars 1944. Comme vous pourrez le constater, on y trouve des objectifs d'une troublante actualité.

# LE PROGRAMME
## DU CONSEIL NATIONAL DE LA RÉSISTANCE

Née de la volonté ardente des Français de refuser la défaite, la Résistance n'a pas d'autre raison d'être que la lutte quotidienne sans cesse intensifiée. Cette mission de combat ne doit pas prendre fin à la libération. Ce n'est, en effet, qu'en regroupant toutes ses forces autour des aspirations quasi unanimes de la Nation, que la France retrouvera son équilibre moral et social et redonnera au monde l'image de sa grandeur et la preuve de son unité.

Aussi les représentants des organisations de la Résistance, des centrales syndicales et des partis ou tendances politiques groupés au sein du CNR, délibérant en assemblée plénière le 15 mars 1944, ont-ils décidé de s'unir sur le programme suivant, qui comporte à la fois un plan d'action immédiate contre l'oppresseur et les mesures destinées à instaurer, dès la libération du territoire, un ordre social plus juste.

## I — PLAN D'ACTION IMMÉDIATE

Les représentants des organisations de Résistance, des centrales syndicales et des partis ou tendances politiques groupés au sein du CNR

expriment leur angoisse devant la destruction physique de la Nation que l'oppresseur hitlérien poursuit avec l'aide des hommes de Vichy, par le pillage, par la suppression de toute production utile aux Français, par la famine organisée, par le maintien dans les camps d'un million de prisonniers, par la déportation d'ouvriers au nombre de plusieurs centaines de milliers, par l'emprisonnement de trois cent mille Français et par l'exécution des patriotes les plus valeureux, dont déjà plus de cinquante mille sont tombés pour la France.

Ils proclament leur volonté de délivrer la patrie en collaborant étroitement aux opérations militaires que l'armée française et les armées alliées entreprendront sur le continent, mais aussi de hâter cette libération, d'abréger les souffrances de notre peuple, de sauver l'avenir de la France en intensifiant sans cesse et par tous les moyens la lutte contre l'envahisseur et ses agents, commencée dès 1940.

Ils adjurent les gouvernements anglais et américain de ne pas décevoir plus longtemps l'espoir et la confiance que la France, comme tous les peuples opprimés de l'Europe, a placés dans leur volonté d'abattre l'Allemagne nazie, par le déclenchement d'opérations militaires de grande envergure qui assureront, aussi vite que possible, la libération des territoires envahis et permettront ainsi aux Français qui sont sur notre sol de se joindre aux armées alliées pour l'épreuve décisive.

Ils insistent auprès du CFLN pour qu'il mette tout en œuvre afin d'obtenir les armes nécessaires et de les mettre à la disposition des patriotes. Ils constatent que les Français qui ont su organiser la Résistance ne veulent pas et d'ailleurs ne peuvent pas se contenter d'une attitude passive dans l'attente d'une aide extérieure, mais qu'ils veulent faire la guerre, qu'ils veulent et qu'ils doivent développer leur Résistance armée contre l'envahisseur et contre l'oppresseur.

Ils constatent, en outre, que la Résistance française doit ou se battre ou disparaître ; qu'après avoir agi de façon défensive, elle a pris maintenant un caractère offensif et que seuls le développement et la généralisation de l'offensive des Français contre l'ennemi lui permettront de subsister et de vaincre.

Ils constatent enfin que la multiplication des grèves, l'ampleur des arrêts de travail le 11 novembre qui, dans beaucoup de cas, ont été réalisés dans l'union des patrons et des ouvriers, l'échec infligé au plan de déportation des jeunes Français en Allemagne, le magnifique combat que mènent tous les jours, avec l'appui des populations, dans les Alpes, dans le Massif central, dans les Pyrénées et dans les Cévennes, les jeunes Français des maquis, avant-garde de l'armée de la libération, démontrent avec éclat que notre peuple est tout entier engagé dans la lutte et qu'il doit poursuivre et accroître cette lutte.

En conséquence, les représentants des organisations de Résistance, des centrales syndicales et des partis ou tendances politiques groupés au sein du CNR déclarent que c'est seulement par l'organisation, l'intensification de la lutte menée par les forces armées, par les organisations constituées, par les masses, que pourra être réalisée l'union véritable de toutes les forces patriotiques pour la réalisation de la libération nationale inséparable, comme l'a dit le général de Gaulle, de l'insurrection nationale qui, ainsi préparée, sera dirigée par le CNR, sous l'autorité du CFLN, dès que les circonstances politiques et militaires permettront d'assurer, même au prix de lourds sacrifices, son succès.

Ils ont l'espoir que les opérations de la libération du pays, prévues par le plan de l'état-major interallié, pourront ainsi être, le cas échéant, avancées grâce à l'aide apportée par les Français dans la lutte engagée contre l'ennemi commun, ainsi que l'a démontré l'exemple glorieux des patriotes corses.

Ils affirment solennellement que la France qui, malgré l'armistice, a poursuivi sans trêve la guerre, entend plus que jamais développer la lutte pour participer à la libération et à la victoire.

***

Pour mobiliser les ressources immenses d'énergie du peuple français, pour les diriger vers l'action salvatrice dans l'union de toutes les volontés, le CNR décide :

D'inviter les responsables des organisations déjà existantes à former des comités de villes et de villages, d'entreprises, par la coordination des formations qui existent actuellement, par la formation de comités là où rien n'existe encore et à enrôler les patriotes non organisés.

Tous ces comités seront placés sous la direction des comités départementaux de la libération (CDL). Ils seront soumis à l'autorité des CDL qui leur transmettront, comme directives, la plateforme d'action et la ligne politique déterminée par le CNR.

Le but de ces comités sera, à l'échelon communal, local et d'entreprise, de faire participer de façon effective tous les Français à la lutte contre l'ennemi et contre ses agents de Vichy, aussi bien par la solidarité et l'assistance active à l'égard des patriotes sous l'impulsion et le soutien donnés aux revendications vitales de notre peuple. Par-dessus tout, leur tâche essentielle sera de mobiliser et d'entraîner les Français qu'ils auront su grouper à l'action armée pour la libération.

Ces comités devront, selon les circonstances et en se conformant aux instructions données par les CDL, appuyer et guider toutes les actions menées par les Français contre toutes les formes d'oppression et d'exploitation imposées par l'ennemi, de l'extérieur et de l'intérieur. Ces comités devront :

1) Développer la lutte contre la déportation et aider les réfractaires à se cacher, à se nourrir, à se vêtir et à se défendre, enlevant ainsi des forces à l'ennemi et augmentant le potentiel humain de la Résistance ;

2) Traquer et punir les agents de la Gestapo et de la milice de Darnand ainsi que les mouchards et les traîtres ;

3) Développer l'esprit de lutte effective en vue de la répression des nazis et des fascistes français ;

4) Développer, d'une part, la solidarité envers les emprisonnés et déportés ; d'autre part, la solidarité envers les familles de toutes les victimes de la terreur hitlérienne et vichyssoise ;

5) En accord avec les organisations syndicales résistantes, combattre pour la vie et la santé des Français pour une lutte quotidienne et incessante, par des pétitions, des manifestations et des grèves,

afin d'obtenir l'augmentation des salaires et traitements, bloqués par Vichy et les Allemands, et des rations alimentaires et attributions de produits de première qualité, réduites par la réglementation de Vichy et les réquisitions de l'ennemi, de façon à rendre à la population un minimum vital en matière d'alimentation, de chauffage et d'habillement ;

6) Défendre les conditions de vie des anciens combattants, des prisonniers, des femmes de prisonniers, en organisant la lutte pour toutes les revendications particulières;

7) Mener la lutte contre les réquisitions de produits agricoles, de matières premières et d'installations industrielles pour le compte de l'ennemi; saboter et paralyser la production destinée à l'ennemi et ses transports par routes, par fer et par eau;

8) Défendre à l'intérieur de la corporation agricole les producteurs contre les prélèvements excessifs, contre les taxes insuffisantes, et lutter pour le remplacement des syndicats à la solde de Vichy et de l'Allemagne par des paysans dévoués à la cause de la paysannerie française. Tout en luttant de cette façon et grâce à l'appui de solidarité et de combativité que développe cette lutte, les comités de villes, de villages et d'entreprises devront en outre :

a) Renforcer les organisations armées des FFI par l'accroissement des groupes de patriotes : groupes francs, francs-tireurs et partisans, recrutés en particulier parmi les réfractaires;

b) En accord avec les états-majors nationaux, régionaux et départementaux des FFI, organisées en milices patriotiques dans les villes, les campagnes et les entreprises, dont l'encadrement sera facilité par des ingénieurs, techniciens, instituteurs, fonctionnaires et cadres de réserve, et qui sont destinés à défendre l'ordre public, la vie et les biens des Français contre la terreur et la provocation, assurer et maintenir l'établissement effectif de l'autorité des CDL sur tout ce qui aura été ou sera créé dans ce domaine pour le strict rattachement aux FFI dont l'autorité et la discipline doivent être respectées par tous. Pour assurer la pleine efficacité des mesures énoncées ci-dessus, le CNR prescrit de l'état-major national des FFI, tout en préparant minutieusement la coopération avec les Alliés en cas de débarquement, doit :

1) Donner ordre à toutes les formations des FFI de combattre dès maintenant l'ennemi en harcelant ses troupes, en paralysant ses transports, ses communications et ses productions de guerre, en capturant ses dépôts d'armes et de munitions afin d'en pourvoir les patriotes encore désarmés ;

2) Faire distribuer les dépôts d'armes encore inutilisés aux formations jugées par lui les plus aptes à se battre utilement dès à présent et dans l'avenir immédiat ;

3) Organiser de façon rationnelle la lutte suivant un plan établi avec les autorités compétentes à l'échelon régional, départemental ou local, pour obtenir le maximum d'efficacité ;

4) Coordonner l'action militaire avec l'action de Résistance de la masse de la nation en proposant pour but aux organisations régionales paramilitaires d'appuyer

et de protéger les manifestations patriotiques, les mouvements revendicatifs des femmes de prisonniers, des paysans et des ouvriers contre la police hitlérienne, d'empêcher les réquisitions de vivres et d'installations industrielles, les rafles organisées contre les réfractaires et les ouvriers en grève et défendre la vie et la liberté de tous les Français contre la barbare oppression de l'occupant provisoire.

✳✳✳

Ainsi, par l'application des décisions du présent programme d'action commune, se fera, dans l'action, l'union étroite de tous les patriotes, sans distinction d'opinions politiques, philosophiques ou religieuses.

Ainsi se constituera dans la lutte une armée expérimentée, rompue au combat, dirigée par des cadres éprouvés devant le danger, une armée capable de jouer son rôle lorsque les conditions de l'insurrection nationale seront réalisées, armée qui élargira progressivement ses objectifs et son armement.

Ainsi, par l'effort et les sacrifices de tous, sera avancée l'heure de la libération du territoire national; ainsi, la vie de milliers de Français pourra être sauvée et d'immenses richesses pourront être préservées. Ainsi, dans le combat, se forgera une France plus pure et plus forte capable d'entreprendre au lendemain de la libération la plus grande œuvre de reconstruction et de rénovation de la patrie.

## II — MESURES À APPLIQUER
### DÈS LA LIBÉRATION DU TERRITOIRE

Unis quant au but à atteindre, unis quant aux moyens à mettre en œuvre pour atteindre ce but qui est la libération rapide du territoire, les représentants des mouvements, groupements, partis ou tendances politiques, groupés au sein du CNR proclament qu'ils sont décidés à rester unis après la libération :

1) Afin d'établir le gouvernement provisoire de la République formé par le général de Gaulle pour défendre l'indépendance politique et économique de la nation, rétablir la France dans sa puissance, dans sa grandeur et dans sa mission universelle ;

2) Afin de veiller au châtiment des traîtres et à l'éviction dans le domaine de l'administration et de la vie professionnelle de tous ceux qui auront pactisé avec l'ennemi ou qui se seront associés activement à la politique des gouvernements de collaboration ;

3) Afin d'exiger la confiscation des biens des traîtres et des trafiquants de marché noir, l'établissement d'un impôt progressif sur les bénéfices de guerre et plus généralement sur les gains réalisés au détriment du peuple et de la nation pendant la période d'occupation, ainsi que la confiscation de tous les biens ennemis y compris les participations acquises depuis l'armistice par les gouvernements de l'Axe et par leurs ressortissants dans les entreprises françaises et coloniales de tout ordre, avec constitution de ces participations en patrimoine national inaliénable ;

4) Afin d'assurer : l'établissement de la démocratie la plus large en rendant la parole au peuple français par le rétablissement du suffrage universel ; la pleine liberté de pensée, de conscience et d'expression ; la liberté de la presse, son honneur et son indépendance à l'égard de l'État, des puissances d'argent et des influences étrangères ; la liberté d'association, de réunion et de manifestation ; l'inviolabilité du domicile et le secret de la correspondance ; le respect de la personne humaine ; l'égalité absolue de tous les citoyens devant la loi ;

5) Afin de promouvoir les réformes indispensables :

a) Sur le plan économique :

— l'instauration d'une véritable démocratie économique et sociale, impliquant l'éviction des grandes féodalités économiques et financières de la direction de l'économie ; une organisation rationnelle de l'économie assurant la subordination des intérêts particuliers à l'intérêt général et affranchie de la dictature professionnelle instaurée à l'image des États fascistes ;

— l'intensification de la production nationale selon les lignes d'un plan arrêté par l'État après consultation des représentants de tous les éléments de cette production ; le retour à la nation des grands moyens de production monopolisés, fruit du travail commun, des sources d'énergie, des richesses du sous-sol, des compagnies d'assurances et des grandes banques ;

— le développement et le soutien des coopératives de production, d'achats et de ventes, agricoles et artisanales ;

— le droit d'accès, dans le cadre de l'entreprise, aux fonctions de direction et d'administration, pour les ouvriers possédant les qualifications nécessaires, et la participation des travailleurs à la direction de l'économie.

b) Sur le plan social :

— le droit au travail et le droit au repos, notamment par le rétablissement et l'amélioration du régime contractuel du travail ;

— un rajustement important des salaires et la garantie d'un niveau de salaire et de traitement qui assure à chaque travailleur et à sa famille la sécurité, la dignité et la possibilité d'une vie pleinement humaine ;

— la garantie du pouvoir d'achat national par une politique tendant à la stabilité de la monnaie ; la reconstitution, dans ses libertés traditionnelles, d'un syndicalisme indépendant, doté de larges pouvoirs dans l'organisation de la vie économique et sociale ;

— un plan complet de sécurité sociale, visant à assurer à tous les citoyens des moyens d'existence, dans tous les cas où ils sont incapables de se les procurer par le travail, avec gestion appartenant aux représentants des intéressés et de l'État ;

— la sécurité de l'emploi, la réglementation des conditions d'embauchage et de licenciement, le rétablissement des délégués d'atelier ;

— l'élévation et la sécurité du niveau de vie des travailleurs de la terre par une politique de prix agricoles rémunérateurs, améliorant et généralisant l'expérience de l'Office du blé, par une législation sociale accordant aux salariés agricoles les mêmes droits qu'aux salariés de l'industrie, par un système d'assurance contre les calamités agricoles, par l'établissement d'un juste statut du fermage et du métayage, par des facilités d'accession à la propriété pour les jeunes familles paysannes et par la réalisation d'un plan d'équipement rural ;

— une retraite permettant aux vieux travailleurs de finir dignement leurs jours ;

— le dédommagement des sinistrés et des allocations et pensions pour les victimes de la terreur fasciste.

c) Une extension des droits politiques, sociaux et économiques des populations indigènes et coloniales.

d) La possibilité effective pour tous les enfants français de bénéficier de l'instruction et d'accéder à la culture la plus développée, quelle que soit la situation de fortune de leurs parents, afin que les fonctions les plus hautes soient réellement accessibles à tous ceux qui auront les capacités requises pour les exercer et que soit ainsi promue une élite véritable, non de naissance, mais de mérite, et constamment renouvelée par les apports populaires.


Ainsi sera fondée une République nouvelle qui balaiera le régime de basse réaction instauré par Vichy et qui rendra aux institutions démocratiques et populaires l'efficacité que leur avaient fait perdre les entreprises de corruption et de trahison qui ont précédé la capitulation. Ainsi sera rendue possible une démocratie qui unisse au contrôle effectif exercé par les élus du peuple la continuité de l'action gouvernementale.

L'union des représentants de la Résistance pour l'action dans le présent et dans l'avenir, dans l'intérêt supérieur de la patrie, doit être pour tous les Français un gage de confiance et un stimulant. Elle doit les inciter à éliminer tout esprit de particularisme, tout ferment de division qui pourraient freiner leur action et ne servir que l'ennemi.

En avant donc, dans l'union de tous les Français rassemblés autour du CFLN et de son président, le général de Gaulle ! En avant pour le combat, en avant pour la victoire, afin que VIVE LA FRANCE !

Le Conseil National de la Résistance

*Une grande partie de ce programme a été effectivement appliquée après la guerre (sécurité sociale et retraites généralisées, contrôle des féodalités économiques à la libération, droit à la culture pour tous, presse écrite délivrée de l'argent et de la corruption, lois sociales agricoles, etc.). Ce programme de mars 1944 constitue encore de nos jours le socle des conquêtes sociales aujourd'hui menacées et méthodiquement démantelées.*

# L'appel du Général de Gaulle

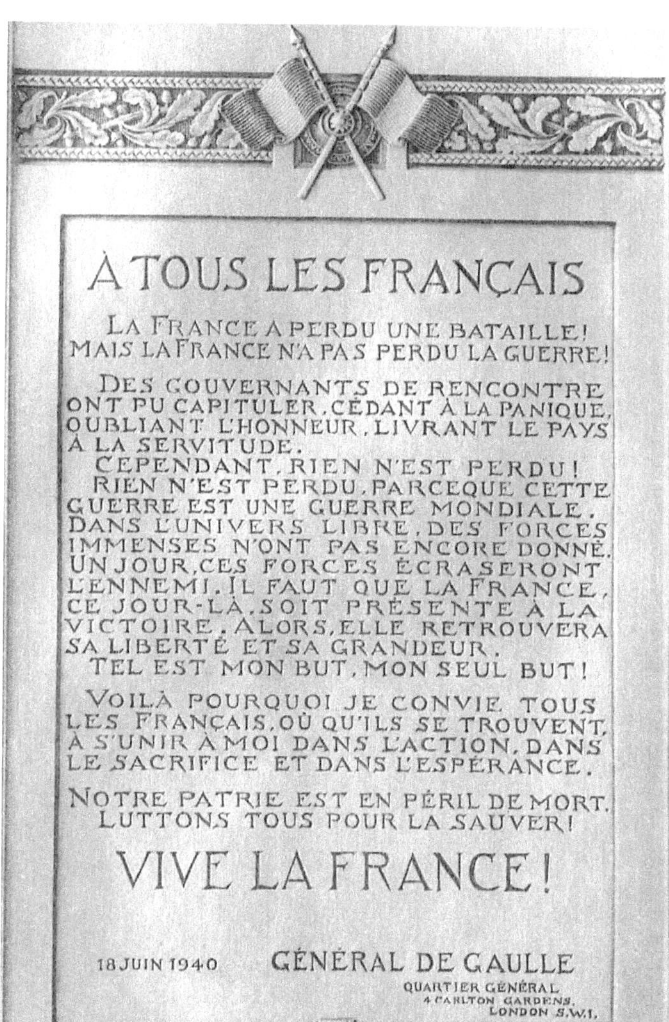

134

# Album de photos de la prison des Archives
## (Édition amicale de la Résistance sarthoise)

# Réactions d'élèves de Nouméa
## après un exposé d'Edmond Chartier

Le 3/5/05

à Mr Chartier

élèves du Collège de Normandie

MERCI POUR VOTRE INTERVENTION C'ÉTAIT SUPER -
DE LA PART D'UNE COLLÉGIENNE.
- ROSE

Nous avons été heureux de vous accueillir dans notre collège et merci pour votre témoignage.

Nous voulons tous vous remercier d'avoir fait un témoignage sur vos consequence enduré dans le camp de Dachau. Encore Merci et bonne continuation.

De la part de la classe de 301 on vous admire et on vous remercie infiniment pour votre témoignage émouvant.
Merci

Merci pour le témoignage, vous êtes génial ne changer pas et garder votre bonne humeur db
une élève de 301 !

J'ai été vraiment surpris parce que vous nous avez raconté des choses intéressantes. J'ai beaucoup aimé votre histoire.
Je vous remercie beaucoup de votre intervention malgré le temps qui était trop court. Merci encore une fois avec un grand respect que je vous dois.

Votre témoignage m'a beaucoup intéressé. J'espère un jour lire un livre où vous raconterez ce que vous avez vécu au coin. Bonne santé et bon courage tout au long de ces années avenirs.
Salutations
Francesca

Mr CHARTIER, Votre témoignage ma beaucoup touché. Je n'ai pas vraiment grand chose à vous dire, je ne vous souhaite pas bonne chance car vous avez déjà la chance avec vous, mais j'espère que vous vous oublierez pas, sur ceux Mr je vais vous laisser à vos occupations, à la prochaine fois.

Voici qqs mots des élèves de la classe où votre témoignage a été reçu et entendu. Soyez sûr M. CHARTIER que vous n'étiez pas du tout "à côté de la plaque", nous avons tous beaucoup apprécié votre venue en classe, mais vous comprenez bien que la nature même de la déportation, empêche toute participation exubérante de la part des jeunes, tout simplement parce qu'ils sentent qu'ils doivent écouter et respecter. Je me joins à la classe pour vous encourager dans votre travail et votre engagement. Encore une fois Merci !
Jean France

Ns Jums apprécier votre interprétation dans notre classe de Bac Pro Term. Mais le tps était trop court.

Je souhaiterais que vous publier votre livre ... et vous nous raconter votre vie dans tous les camps de concentration.

*Alain* — *Yannick*

Nous vous remercions énormément pour votre interprétation en classe, mais le temps était trop court. Malgré cela nous avons beaucoup aimé votre discours.

J'ai beaucoup apprécié votre discours et de votre témoignage sur la guerre de ...

J'ai beaucoup aimé votre témoignage et je vous en remercie. Même si le temps était trop court et que nous n'avions pas eu le temps d'interpréter tous ce que nous avons préparer. Mais cela nous a quand même permis d'apprendre beaucoup de chose. Un grand merci de la part des élèves de la Terminal Bac pro comptabilité de Dohamo 2003.

*Madeleine.*

Votre témoignage m'a beaucoup touché mais j'ai été déçu que le temps nous ai manqué. J'aurais aimé connaître plus de chose sur votre vie au camp. Je shouterais que vous publier votre livre afin que puisse le lire et avoir la possibilité d'avoir les réponses à mes questions. Je vous remerci d'avoir accepter notre invitation. Veuillez agréer, monsieur, mes salutations distinguées.

*dit Nyra.*

Même si le temps a vite passé votre témoignage fut pour moi très intéressant et espérant que vous allez bien, j'espère que vous continuerez à témoigner et qu'un jour, vous écrirez un livre, dont je serai très heureuse de lire comme celui de Jorge SEMPRUN.
Je vous dis, avec tous mes respects, un grand merci de la part de toute la classe.

*Sylvie.*

# Table des matières

**Découvrez les autres ouvrages
de notre catalogue !**

http://www.editions-humanis.com

Luc Deborde
Éditions Humanis
BP 32059 – 98 897 Nouméa
Nouvelle-Calédonie

Mail : luc@editions-humanis.com